89 TEORIAS DE GESTÃO QUE TODO GESTOR DEVE SABER

Karen Medina
maio/2015

JAMES MCGRATH E BOB BATES

89 TEORIAS DE GESTÃO QUE TODO GESTOR DEVE SABER

Editora Saraiva

Rua Henrique Schaumann, 270
Pinheiros – São Paulo – SP – CEP: 05413-010
PABX (11) 3613-3000

SAC **0800-0117875**
De 2ª a 6ª, das 8h30 às 19h30
www.editorasaraiva.com.br/contato

Diretora editorial	Flávia Alves Bravin
Gerente editorial	Rogério Eduardo Alves
Planejamento editorial	Rita de Cássia S. Puoço
Editoras	Debora Guterman Gisele Folha Mós Luiza Del Monaco Paula Carvalho
Produtoras editoriais	Daniela Nogueira Secondo Rosana Peroni Fazolari
Comunicação e produção digital	Nathalia Setrini Luiz
Suporte editorial	Najla Cruz Silva
Arte e produção	2 estúdio gráfico
Capa	Guilherme P. Pinto
Tradução	Arlete Simille Marques
Produção gráfica	Liliane Cristina Gomes
Impressão e acabamento	Assahi Gráfica

ISBN 978-85-02-22930-3

CIP-BRASIL. CATALOGAÇÃO NA FONTE
SINDICATO NACIONAL DOS EDITORES DE LIVROS, RJ.

M429o

McGrath, James
89 teorias de gestão que todo gestor deve saber / James McGrath, Bob Bates ; tradução Arlete Simille Marques. - 1. ed. - São Paulo : Saraiva, 2014.

Tradução de: The little book of big management theories and how to use them

ISBN 978-85-02-22930-3

1. Liderança. 2. Mentores em negócios. 3. Arte de contar histórias. I. Bates, Bob. II. Título. II. Título: Oitenta e nove teorias de gestão que todo gestor deve saber.

14-12896 CDD-658.4092
CDU-65:316.46

Traduzido de *The little book of big management theories*, de James McGrath e Bob Bates.

Tradução autorizada da edição original em inglês publicada nos Estados Unidos pela Pearson Education Limited.

1ª edição

381.937.001.001

Para Elija, Michael, Helen, Patrick
e para o pequeno Finbar – bem-vindo ao mundo.
Também em memória de Andrew Soares (1980–2011).

Para Val, meus filhos e meus netos.

SUMÁRIO

INTRODUÇÃO

Nos últimos 100 anos milhares de gestores, acadêmicos e pesquisadores tentaram definir o que faz de alguém um grande gestor e identificar os segredos do gerenciamento efetivo. O resultado foi centenas de teorias de gestão, muitas delas contraditórias. A grande quantidade de teorias torna difícil para os gerentes, pressionados pelo tempo, distinguir ótimas teorias de modas passageiras. Infelizmente, mesmo quando um gestor encontra uma ótima teoria, é improvável que ela venha acompanhada de algum conselho sobre como usá-la no local de trabalho. Bem-vindo à lacuna entre teoria e prática – momento em que os gestores estão armados com os princípios do bom gerenciamento, mas enfrentam dificuldades para aplicá-los. Este livro foi concebido e escrito para preencher essa lacuna e ajudar:

- os gestores, e os que um dia serão, que não tiveram a oportunidade de frequentar um curso de MBA, não têm tempo ou simplesmente querem saber quais são as melhores e mais importantes teorias e como usá-las;
- os que estudaram a ciência do gerenciamento e talvez conhecem muitas das teorias, mas enfrentam dificuldades para aplicá-las em suas empresas.

O livro é curto, direto ao ponto e foi despido, sem dó nem piedade, de todo material irrelevante. O que sobrou foi uma descrição de 89 importantes teorias de gestão, que todo gestor deve conhecer. Cada teoria é resumida e acompanhada por conselhos sobre como aplicá-la na prática. Você gastará apenas cinco minutos para ler, entender e estar pronto para usar uma teoria. Não amanhã ou na próxima semana, mas hoje. Basta tentar. E se você ficar preocupado com a possibilidade de cometer um erro, lembre-se:

O LEMA DO GESTOR: fracasso é o preço que gestores pagam pelo sucesso futuro. O único fracasso pelo qual você pode ser criticado é o de não tentar.

Incluímos neste livro somente as teorias que provaram repetidas vezes o seu valor no mundo real (mesmo algumas das nossas próprias teorias não resistiram ao corte final). Leia, entenda, reflita e use essas teorias e conseguirá se defender em qualquer discussão sobre gestão com praticamente qualquer um.

SETE COISAS QUE ESTE LIVRO FARÁ PARA VOCÊ

- fará de você um gestor melhor;
- o ajudará a motivar o seu pessoal e aumentar a sua influência sobre os colegas;
- aumentará a sua capacidade de conseguir que as coisas sejam feitas;
- o arrancará da monotonia mental e lhe dará confiança para adotar novas ideias, visões e ambições;
- lhe dará as aptidões fundamentais de que você precisa para demonstrar que está pronto para ser promovido;
- aumentará o seu capital pessoal e poder de ganho; e
- o ajudará a identificar e entender o seu estilo de gestão.

COMO O LIVRO É ORGANIZADO

O livro é dividido em dez seções. As nove primeiras tratam de áreas específicas do gerenciamento, por exemplo, motivação ou montagem de equipe. A seção final abarca uma miscelânea de ótimas teorias, que poderiam ter sido inseridas em qualquer uma das outras seções. Porém, nós as mantivemos separadas porque elas são abrangentes e podem ser usadas em muitas situações diferentes. Por exemplo, o Princípio de Pareto é tão útil para aplicar a problemas de pessoal quanto para identificar quais são os seus clientes importantes.

Em todas as seções, você notará que discutimos dois tipos distintos de teorias. No total, cerca de 20% tratam das realidades do ambiente no qual você opera. Se você não as entender bem, estará constantemente em guerra com a organização, e nada conseguirá. Os outros 80% tratam de melhorar a sua efetividade como gerente. Se você fizer isso bem feito, sua credibilidade subirá às alturas.

Cada verbete começa com um pequeno texto que lhe diz quando/onde você poderia usar a teoria. É óbvio que isso é apenas um guia e temos certeza de que você conseguirá descobrir outros usos. O verbete termina com perguntas que você deve fazer a si mesmo. Muitas das perguntas aplicam-se a vários verbetes, mas nós tentamos evitar repetições. Isso não significa que você não possa repetir as mesmas perguntas. Portanto, depois de ler um verbete, considere que outras perguntas você poderia fazer.

Naturalmente, há conexões e sobreposições entre as teorias. Para ajudá-lo a fazer essas conexões, nós numeramos cada teoria e usamos essa numeração como referência para a conexão. Por exemplo, (*veja a Teoria 11*) o levará ao verbete sobre a teoria dos traços de personalidade, ao passo que (*veja a Parte 3*) o redirecionará à Parte 3 “Como motivar o pessoal”.

Dentro de cada seção, uma teoria recebe a coroa de rei/rainha daquela seção e, ao final do livro, uma dessas vencedoras recebe a coroa de Imperador/Imperatriz de todas as teorias de gestão.

E FINALMENTE...

Há uma grande quantidade de literatura escrita por acadêmicos e gurus de gestão sobre a diferença entre gestores e líderes. Eles sugerem que ambos possuem características distintas e são pessoas muito diferentes em termos psicológicos. A verdade é que qualquer um que ocupe um cargo de gestor tem de combinar os papéis de administrador, gestor e líder se quiser ser eficiente em seu trabalho. Por essa razão, o termo gestor é usado no livro inteiro, exceto quando são discutidas teorias específicas de liderança. Desejamos boa sorte na sua carreira, e esperamos que você goste deste livro.

COMO OBTER O MÁXIMO DESTE LIVRO

Por sua natureza, todas as teorias de gestão são uma explanação e simplificação parcial da complexa realidade que elas tentam explicar. Esperar que uma teoria explique totalmente o que está ocorrendo ou funcione em todas as situações é como esperar que um mapa rodoviário de Londres o ajude a viajar pela Europa. Sem uma gama de teorias e ideias de gerenciamento para informar suas ações, você será como um marceneiro que tem em sua caixa de ferramentas apenas um martelo e o resultado será que cada um dos problemas que encontrar parecerá um prego (exatamente como o sujeito que montou a minha cozinha).

A frase fundamental no parágrafo anterior é "informar suas ações". Algumas teorias o atrairão imediatamente. Outras você rejeitará num piscar de olhos. Não tem problema. Algumas abordagens não estarão de acordo com a sua personalidade e, a menos que elas reflitam suas crenças sobre como as pessoas devem ser tratadas, você achará difícil usá-las eficientemente. O que você deve fazer é escolher, em cada teoria, aquilo que lhe é útil. Mas como fazer isso? Passemos a uma pequena digressão.

Os músicos de jazz começam aprendendo melodias individuais. Eles se tornam especialistas em cada uma delas, e se você os estivesse escutando, ficaria impressionado com sua habilidade. É isso que você pode fazer com uma teoria individual. Leia o verbete e pense: como eu posso usar essa teria? Em quais circunstâncias posso usá-la? Quando a usarei? Por exemplo, você poderia ler sobre liderança situacional (*veja a Teoria 16*) e imediatamente reconhecer como é fácil usá-la na prática. Você decide experimentá-la na próxima vez em que delegar uma nova tarefa a um membro do pessoal. Três dias depois surge uma oportunidade e você experimenta a abordagem. Você monitora o sucesso da sua abordagem e, com base nisso, decide se a usará novamente, se a usará com algumas modificações ou se a abandonará, porque ela não combina com a sua personalidade ou não se ajusta "ao modo como fazemos as coisas aqui" (*veja a Parte 5*). Não há nada de errado em usar cada teoria desse modo. Essa abordagem fará de você um gestor muito competente. Mas você nunca será uma lenda do jazz só porque aprendeu melodias individuais.

Se quiser ser uma lenda do jazz, terá de aprender a improvisar. Usar a melodia básica como ponto de partida e, então, deixar que todo o seu conhecimento musical o guie em uma jornada de descoberta. O mesmo se aplica ao gerenciamento. Gerenciar trata de pessoas. Pessoas não são lógicas. Não são máquinas. Você não pode aplicar a mesma teoria a todos e esperar o mesmo resultado. Eis o que você precisa fazer:

- Estudar as teorias que os teóricos do gerenciamento desenvolveram ao longo dos anos.
- Entender como aplicar cada teoria na prática e pensar em suas limitações: o que é possível na sua organização e também em termos das suas próprias preferências.
- Observar o trabalho de outros gestores.
- Conhecer o seu pessoal e aprender o que os faz funcionar.
- Praticar suas habilidades gerenciais em todas as oportunidades e experimentar as teorias inteiras ou partes delas discutidas neste livro.
- Manter um diário para registrar, *com poucas palavras*, a sua experiência de gerenciamento: por exemplo, O que aconteceu? Por que aconteceu? O que eu poderia ter feito diferente? Por que eu fui bem-sucedido naquela situação, mas fracassei em outra? Aprenda com essas pequenas reflexões e use-as como guia em suas ações futuras.

Escrever algumas anotações reflexivas o ajudará a internalizar o que você aprendeu. À medida que o seu conhecimento é desmembrado em suas partes constituintes, ele será adicionado ao baú de memórias que reside nos escuros recessos do seu inconsciente. É ali que ele se misturará com as suas emoções, crenças e atitudes para formar o seu próprio banco de conhecimento tácito. Quando necessário, esse conhecimento inconsciente informará cada ação de gerenciamento e cada decisão que você tomar, e desse conjunto surgirá o seu próprio e exclusivo estilo de gerenciamento e, em breve, você estará improvisando.

Não acredita? Você acha que toda essa conversa sobre conhecimento tácito e reflexão é papo de guru? Ok. Quando foi a última vez que você participou de uma reunião e o seu chefe disse: "Vamos fazer X no próximo mês" e você soube imediatamente que aquela era uma má ideia, destinada a ruir e queimar vergonhosamente, mas você não sabe explicar o porquê? É o seu conhecimento tácito em ação. Uma geração anterior o denominaria instinto. É tão real que Friedrich von Hayek, Prêmio Nobel de Economia, o usava como um dos pilares de suas teorias de livre mercado. Foram suas ideias que mudaram a face da política econômica da Grã-Bretanha e dos Estados Unidos na década de 1980 e que continuam válidas até hoje.

PARTE 1

COMO GERENCIAR PESSOAS

PALAVRAS INICIAIS

Nesta seção você encontrará dois tipos de teorias. O primeiro vem dos primórdios do gerenciamento, quando os escritores tentavam identificar e descrever as funções do gerenciamento. Elas nos dizem o que deveríamos estar fazendo. O segundo tipo nos diz como devemos fazê-lo.

A única coisa que nenhuma dessas teorias diz é "Seja fiel a si mesmo" (Shakespeare, *Hamlet*). O que isso significa em termos de gerenciamento é que, se você tentar copiar a abordagem de qualquer outra pessoa, falhará. Você tem de se tornar aquele gestor incomparável que sempre pretendeu ser. Isso não significa que você não possa ter modelos de conduta.

Não hesite em copiar as ações de gestores que você admira. Leia as biografias dos gestores que entraram na lista dos livros mais vendidos. Mas lembre-se de que você não é eles. Você não tem a mesma personalidade, as mesmas experiências de vida, o mesmo treinamento nem as mesmas habilidades. E, no momento, também não gerencia uma organização que vale milhões nem tem o poder que eles têm. Empreendedores bem-sucedidos têm o poder e a influência que lhes permitem ser tão extravagantes e multifacetados quanto quiserem. Se você agir como eles, antes de firmar o seu nome, provavelmente será visto como um daqueles psicopatas do local de trabalho que discutiremos na Teoria 80, e será convidado a ir embora.

Em vez disso, pegue o que leu, adote e adapte as ideias, ou parte delas, que achar interessantes. Aquelas que o fazem sentir-se bem e que você acha que funcionarão em sua organização. Não use nenhuma abordagem com a qual não se sinta bem.

Como você já observou gestores em ação, leu um pouco sobre a teoria do gerenciamento, estudou outros gestores bem-sucedidos e tem experiência própria em gestão, o seu estilo único de gerenciamento evoluirá. Continue a alimentar esse desenvolvimento com leitura, observação, raciocínio e análise.

Quanto mais você conhecer o seu estilo de gestão e o impacto que ele causa sobre outras pessoas, mais eficiente você será. Porém, lembre-se de que é sempre mais fácil enganar o seu chefe do que o seu próprio pessoal, e fazê-lo acreditar que você é um gestor melhor. Como são parceiros, o pessoal vê o que você é realmente no dia a dia. Portanto, peça feedback e trate de qualquer fraqueza que eles identificarem.

TEORIA 1 OS 14 PRINCÍPIOS DE FAYOL: PARTE 1 – ESTRUTURA E CONTROLE

Use para se lembrar de que, como gestor, você deve usar sua autoridade para assegurar que a estrutura e os sistemas de gerenciamento de pessoal e recursos da organização estejam funcionando com eficácia.

Os 14 princípios de Henri Fayol apareceram pela primeira vez no livro *Administration industrielle et generale*, de 1916. As relações entre funcionários, gestores e pessoal mudaram desde então, assim como a terminologia usada. Todavia, as percepções de Fayol continuam relevantes.

Fayol acreditava que gestores tinham a responsabilidade de garantir que a estrutura da organização fosse eficaz e adequada à finalidade pretendida, e que deveriam gerenciar recursos humanos e outros recursos com eficácia.

ELE ACREDITAVA QUE GESTORES DEVIAM:
Exercer autoridade.
Garantir a existência de unidade de comando.
Garantir uma clara cadeia de comando dentro da organização.
Prover unidade de direção para todo o pessoal.
Gerenciar o suprimento de recursos humanos e outros recursos.
Exercer disciplina.
Coordenar atividades fundamentais por meio de centralização.

COMO USAR

- Você tem o direito de dirigir o pessoal e esperar concordância. Se você falhar ao usar sua autoridade (*veja as Teorias 76 e 77*) o pessoal achará que você é fraco. Não sinta nenhum constrangimento, timidez ou dúvida ao dar instruções (*veja a Teoria 11*). Se alguém não cumprir o que você ordenou, não ignore. Repita o pedido e, se continuar a ser ignorado, examine as sanções que pode aplicar (*veja a Teoria 17*). Sob nenhuma circunstância, capitule e faça o trabalho você mesmo.
- Promova o que Fayol denominava unidade de direção, isto é, em qualquer organização só pode haver um chefe, um plano e uma visão. Assegure-se de que cada membro do pessoal entende a cadeia de comando (autoridade), está familiarizado com a estrutura da organização e com o lugar que nela ocupa, e está comprometido com as metas da organização.
- Organize a sua equipe de modo que todos se reportem a um único gestor de linha. Se alguém tiver dois gestores surgirão disputas sobre prioridades de trabalho e o seu pessoal jogará um gestor contra o outro.
- Você quer que o seu relacionamento com o pessoal seja baseado em respeito mútuo, confiança e franqueza. Todavia, isso não significa que a disciplina deva ser sacrificada. Haverá regras de comportamento em sua organização, muitas delas não escritas, que você deve aplicar consistentemente a todo o pessoal, inclusive a si mesmo.
- Você é responsável por garantir que o pessoal tenha os recursos certos na hora certa para executar suas tarefas. Eles o julgarão conforme o seu sucesso na obtenção desses recursos. Monitore constantemente a situação, preveja futuros requisitos e tome providências imediatas contra qualquer deficiência. Pense com antecedência.
- Sempre coloque as necessidades da organização acima das suas próprias ou da sua equipe. Se a organização falhar, então você e todo o seu pessoal ficarão sem emprego. Portanto, evite a subotimização mesmo que ela faça você ou sua equipe ficar bem.

PERGUNTAS A FAZER

- Alguém da minha equipe se reporta a dois ou mais gestores?
- As metas e os objetivos da minha equipe estão alinhados com os da organização?

TEORIA 2 OS 14 PRINCÍPIOS DE FAYOL: PARTE 2 – RELAÇÕES DE TRABALHO

Use quando precisar rever rapidamente suas PRINCIPAIS responsabilidades em relação à organização e ao pessoal.

Tendo em vista que Henri Fayol começou a trabalhar como engenheiro em 1860, é surpreendente que suas visões sobre o tratamento do pessoal pela organização fossem tão modernas.

FAYOL DEFENDIA QUE OS GESTORES DEVIAM:
Buscar eficiência por meio da divisão do trabalho.
Subordinar suas necessidades e as de sua equipe às necessidades da organização.
Garantir que o pessoal receba remuneração justa.
Garantir igualdade de tratamento para todo o pessoal.
Prover segurança no trabalho tanto quanto possível.
Incentivar a iniciativa do pessoal.
Criar um sentido de *esprit de corps* (espírito de equipe).

COMO USAR

- A divisão do trabalho em uma série de tarefas repetitivas não é mais aceitável. Hoje, as pessoas esperam que seu trabalho lhes dê satisfação (*veja a Parte 3*). Todavia, quase sempre é possível descobrir modos mais eficazes e eficientes de trabalhar. Faça uma revisão anual da alocação e das práticas de trabalho da sua equipe.
- Você deve subordinar suas necessidades e as de sua equipe às necessidades da organização. No longo prazo, você se beneficiará por ser visto como alguém que vê o quadro mais abrangente.
- A sua remuneração e a do seu pessoal deve ser compatível com a dos outros que fazem um trabalho semelhante na organização. Diferenças muito grandes criam ressentimento e prejudicam o trabalho de equipe (*veja a Teoria 27*). Monitore os níveis salariais e aja quando necessário.
- O pessoal quer coerência e justiça por parte de seu gerente. Se você for incoerente em suas ações, criará incerteza na mente do pessoal. Nunca deixe de ser amigável e acessível, mas lembre-se de que, um dia, você poderá ter de adotar ações disciplinares ou demitir alguém de sua equipe, portanto, mantenha uma distância profissional.
- Você não pode se dar ao luxo de ter favoritos. Você deve tratar todo o seu pessoal do mesmo jeito.
- Novos funcionários ficarão proficientes mais rapidamente se você fizer que eles se sintam bem-vindos e seguros no trabalho. Não julgue seu desempenho até que tenham tido tempo suficiente para mostrar seu real valor.
- Incentive todo o pessoal a tomar iniciativas dentro de limites claramente definidos.
- Há muitos modos de forjar o espírito de equipe. No exército, o *esprit de corps* é desenvolvido com base em dificuldades compartilhadas. Você poderia decidir que sair para fazer uma refeição normal com o seu pessoal é preferível a marchar por um parque no inverno. Todavia sempre haverá uma ou duas pessoas que você gostaria de enviar para lá.

PERGUNTAS A FAZER

- Eu tenho algum favorito entre o pessoal?
- Há algum membro do pessoal com quem eu não gosto de lidar? Eu o trato de maneira diferente dos outros ou tento compensar em razão do que sinto por ele?

TEORIA 3 TAYLOR E O GERENCIAMENTO CIENTÍFICO

Use quando os recursos de pessoal são exíguos e você precisa aumentar a produtividade.

Frederick Taylor começou como trabalhador de chão de fábrica e chegou a Diretor da Bethlehem Steel, a maior siderúrgica dos Estados Unidos. Foi contemporâneo de Fayol, porém estava mais interessado em eficiência do que nos aspectos sociais da gestão de pessoas. Seu livro *Os princípios do gerenciamento científico* (*The principles of scientific mangement*, 1913) consagrou sua reputação como pai do gerenciamento científico.

TAYLOR:

Acreditava que a obrigação de um gestor era planejar e controlar o trabalho, e que havia um único modo eficiente de executar qualquer tarefa.

Usava técnicas de tempo e movimento para desmembrar cada processo de trabalho em suas partes constituintes e eliminar ações desnecessárias. Usando esses princípios, ele reduziu o número de ações que um pedreiro realizava de 18 para cinco e poupou tempo e dinheiro no processo. Seu trabalho lançou as fundações para a divisão do trabalho e a produção em massa, que Henry Ford aplicou com tanto sucesso na fabricação de automóveis.

Argumentava que a melhor maneira de assegurar eficiência máxima era selecionar e treinar cuidadosamente o pessoal, e oferecer oportunidades adicionais para aqueles que mostravam potencial. Esse ponto de vista era revolucionário em uma época em que a maioria dos trabalhadores não recebia nenhum treinamento formal. Trabalhadores excepcionais eram identificados por uma marca de giz (*mark*) em sua bancada de trabalho (*bench*). Essa é a origem das palavras *benchmarking e benchmark* como sinônimos de padrão de comparação. (*veja a Teoria 74*).

COMO USAR

- Reveja como cada tarefa é executada em sua equipe e faça as seguintes perguntas: Precisamos executar essa tarefa? Ela pode ser executada com mais eficiência? O trabalho alocado a cada membro do pessoal está de acordo com suas capacidades/forças? O pessoal precisa de treinamento adicional para melhorar sua eficiência e eficácia?
- Decida como o trabalho pode ser realocado e reorganizado para melhorar a eficiência, aumentar o rendimento e utilizar as forças individuais do pessoal (*veja a Parte 6*).
- Após a reorganização, avalie a eficácia das mudanças e ajuste-as conforme necessário. É pouco provável que você consiga fazer tudo certo na primeira vez.
- Faça revisões periódicas (no mínimo anuais) do trabalho que o pessoal executa e procure ganhos de eficiência. Se achar que um relatório que você costuma emitir não é mais necessário, não pergunte se quem os recebe precisa dele. É quase certo que eles dirão "sim". Em vez disso, produza o relatório, mas não o envie, e veja se alguém reclama. Se, depois de três meses, ninguém reclamar, elimine-o.
- Um treinamento adicional poderá melhorar muito a produtividade de sua equipe. Por exemplo, você tem certeza de que cada um dos membros da sua equipe pode usar todos os recursos disponíveis em seus sistemas de informática?
- Lembre-se de que as ideias de Taylor não se aplicam apenas ao chão de fábrica. Práticas de trabalho ineficientes são abundantes na maioria dos escritórios.
- Ao fazer a revisão do trabalho, colha e discuta com toda a equipe ideias sobre como a tarefa poderia ser executada com mais eficiência.

PERGUNTAS A FAZER

- A equipe luta para cumprir prazos e/ou há períodos em que há pouco trabalho? Em caso de resposta positiva, o cronograma de trabalho pode ser melhorado?

TEORIA 4 MAYO E OS EXPERIMENTOS DE HAWTHORNE

Use em conjunto com a Teoria 26 para identificar os fatores que realmente motivam o pessoal.

No final da década de 1920, Elton Mayo e sua equipe do Massachusetts Institute of Technology executaram uma série de experimentos com trabalhadores manuais da Unidade Hawthorne, da Fábrica da General Electric. Os resultados, aparentemente, desafiavam o que se sabia na época e continuam a ser de interesse hoje.

OS PESQUISADORES DA HAWTHORNE CONSTATARAM QUE:
Não havia nenhuma correlação entre produtividade e condições de trabalho. A produtividade não aumentava nem diminuía significativamente quando as condições pioravam ou melhoravam.
Pertencer a um grupo era o fator motivacional isolado mais importante. O pessoal encontrava status e um sentido de pertencimento dentro do grupo. Eles temiam ser excluídos do grupo ou decepcionar seus companheiros com trabalho desmazelado e faziam tudo o que podiam para serem vistos como "um dos bons". Muitas vezes, esses grupos eram de natureza informal e, ainda assim, exerciam enorme influência sobre o comportamento dos membros.
A produtividade cresceu como resultado das conversas do pessoal com os pesquisadores e gestores, que perguntavam quais eram os pontos de vista dos funcionários e os tratavam como indivíduos e não apenas como mão de obra contratada. Na verdade, tratar o pessoal com respeito e como indivíduos inteligentes rendeu dividendos.

COMO USAR

- Reconheça que as condições de trabalho por si sós têm pouco ou nenhum efeito sobre a motivação ou a produtividade. Somente quando caem abaixo de um nível aceitável é que elas desmotivam o pessoal (*veja a Teoria 26*).
- Saber que o pessoal fica mais motivado quando pertence a um grupo é uma informação fundamental. Sim, você quer que o seu pessoal trabalhe em equipe, mas também incentive as pessoas a formar pequenos grupos separados, porque grupos menores exercem mais influência sobre seus membros.
- Sempre que possível incentive a competição amigável entre os minigrupos. Para evitar que as coisas fiquem demasiadamente sérias, ofereça um troféu de valor insignificante à "melhor equipe" do mês.
- Agora que você sabe que a produtividade aumenta quando os gestores conversam com o pessoal, saia do seu escritório e divirta-se um pouco com o gerenciamento ambulante (*veja a Teoria 10*). Se possível, convide gestores do alto escalão para conversar com o seu pessoal. Isso é fácil. Em vez de fazer uma reunião reservada com seu chefe ou diretor sobre a estratégia mais recente da organização, peça que eles se dirijam a você e à sua equipe juntos (sempre subentendendo-se que não há nada de confidencial envolvido). Depois que eles forem embora, você pode responder a qualquer pergunta de sua equipe.
- Todos gostam de se sentir valorizados. Nós passamos a maior parte da vida no trabalho e precisamos acreditar que isso tem um propósito. Portanto, trate as pessoas com respeito, como indivíduos inteligentes e veja a produtividade aumentar.

PERGUNTAS A FAZER

- Quanto eu sei a respeito das pessoas que trabalham para mim?
- Eu incentivo o pessoal a falar comigo sobre suas ambições e seus problemas?

TEORIA 5 OS DEZ PRINCÍPIOS DE URWICK

Use o princípio da abrangência do controle para se assegurar de que os gestores não fiquem sobrecarregados e que o todo o pessoal tenha apoio individual.

Lyndall Urwick trabalhou nas forças armadas, na indústria e em consultorias de gestão; é claro que suas visões sobre administração foram influenciadas por seu serviço militar.

OS DEZ PRINCÍPIOS DE URWICK SÃO:
Continuidade: a estrutura da organização deve ser projetada para assegurar sua sobrevivência.
Equilíbrio: deve haver equilíbrio entre os vários departamentos equipes e dentro de uma organização, em termos de posição e poder.
Definição: todas as tarefas e os deveres que as acompanham devem ser claramente definidos.
Especialização: cada grupo deve ter uma única função.
Objetivo: toda organização deve ter um propósito preponderante.
Autoridade: cada grupo só pode ter um gerente.
Correspondência: gestores devem ter a autoridade necessária para cumprir suas responsabilidades.
Coordenação: gestores são responsáveis pela organização e coordenação.
Abrangência do controle: um gestor não deve ser responsável por mais de seis ou sete subordinados em linha.
Responsabilidade: o gestor deve assumir a responsabilidade por seu pessoal.

COMO USAR

- Trabalhe com outros gestores para garantir que a estrutura da organização está de acordo com a finalidade e que a alocação de recursos entre seções/departamentos é baseada na necessidade, e não em manobras políticas de gerentes. Deixar de fazer isso resultará em subotimização.
- Defina os deveres e os limites da iniciativa, vinculados a cada cargo.
- Se for adequado, use especialização para melhorar a produtividade.
- Alinhe seus objetivos com os da organização. Se não fizer isso, estará sempre lutando em uma batalha que não poderá vencer.
- Evite a situação na qual você compartilha responsabilidade pelo pessoal com outro gerente. Se as linhas de comunicação não forem claras, esclareça-as (*veja a Teoria 1*).
- Antes de aceitar um trabalho verifique se você tem a autoridade para cumprir suas responsabilidades. Por exemplo, se os prazos de produção forem apertados, você tem a última palavra sobre quem fará parte da sua equipe?
- Você é responsável pela coordenação e organização de seu pessoal e recursos. Assegure-se de que a sua equipe tenha os recursos e os sistemas de que precisa para executar o trabalho (*veja a Teoria 1*).
- A introdução de estruturas mais achatadas, menos hierárquicas, significa menor número de gestores e mais pessoas reportando-se a eles. Mas as pessoas querem ser tratadas como indivíduos. Use a abrangência do controle e trabalhe com seis "tenentes" de confiança. Cada um deles pode gerenciar de perto seis pessoas. Agora, 42 pessoas têm atenção individualizada. Desça mais um nível e serão 258.
- Você é responsável por tudo o que acontece em sua equipe. Assuma a responsabilidade e o pessoal confiará em você e o tratará com respeito.

PERGUNTAS A FAZER

- Eu passo muito tempo fazendo o "meu trabalho" em vez de gerenciar o pessoal?
- Quão bom eu sou na comunicação com o pessoal sob meu controle? Eu realmente sei o que está acontecendo?

TEORIA 6 DRUCKER E AS FUNÇÕES DO GERENCIAMENTO (COROA DE REI)

Use como suas crenças fundamentais sobre gerenciamento. Tudo o que você fizer deve vir desses enunciados fundamentais. Todo o resto é perfumaria.

Muitos acreditam que Peter Drucker foi o primeiro verdadeiro gênio que o estudo do gerenciamento produziu. Ele ajudou a estabelecer a disciplina de gerenciamento e previu inúmeras tendências no gerenciamento muitos anos antes de qualquer outro. Por exemplo, ele escreveu sobre descentralização na década de 1940, cunhou o termo "a economia do conhecimento", em 1969, e já falava de responsabilidade social dos gestores na década de 1970.

Foi Drucker quem, em linguagem simples, sugeriu que a finalidade de toda organização de negócios era criar e manter um cliente. Ele não falou sobre maximizar lucros. Ele sabia que somente mantendo e desenvolvendo clientes é que um negócio pode obter lucro, porque são os clientes que criam lucros.

DRUCKER TAMBÉM AFIRMOU QUE GESTORES ERAM RESPONSÁVEIS POR:
Estabelecer os objetivos da organização/equipe.
Prover e organizar os recursos exigidos para cumprir os objetivos.
Motivar o pessoal para atingir os objetivos.
Monitorar o desempenho do pessoal em relação aos objetivos.
Melhorar o desempenho, desenvolvendo continuamente a si próprio e ao seu pessoal.

As percepções de Drucker em relação à finalidade de uma empresa e às responsabilidades dos gestores abrange a essência da teoria empresarial, bem como da teoria da administração.

COMO USAR

- Identifique quem são seus clientes. Pergunte a si mesmo: Quem compra meus bens ou serviços? Se você lida com o público, a resposta pode ser óbvia, mas se você presta um serviço a outras partes da sua organização, pode ser mais difícil.
- Uma vez identificados os seus clientes, pergunte: Estou satisfazendo suas necessidades? O que posso fazer para aprimorar o serviço ou o produto que forneço? (*veja a Parte 8*). Tomando suas respostas como base, desenvolva um plano para entregar aos clientes o melhor serviço possível.
- Determine alvos e objetivos para todo o pessoal. Estabeleça 80% dos alvos em um nível que seja relativamente fácil para o pessoal cumprir. Isso os fará mirar o sucesso e os motivará a cumprir metas mais desafiadoras (*veja a Teoria 88*).
- Monitore o desempenho. Estabeleça um sistema de relatório que mostre o desempenho em relação à meta, explique a razão de quaisquer discrepâncias e produza o relatório a tempo de se tomar providências corretivas rapidamente.
- Monitore constantemente os recursos físicos e de pessoal de que você necessita para cumprir suas metas e tome providências para corrigir quaisquer deficiências antes que elas se tornem um problema.
- Motive e comunique-se com o seu pessoal compartilhando informações e ouvindo o que eles têm a dizer (*veja a seção 3*).
- Você é o seu próprio maior recurso. Invista tempo e energia no desenvolvimento de suas habilidades técnicas e gerenciais. Mantenha-se comercializável. Participe de entrevistas regularmente e se lhe pedirem para definir gerenciamento ou o papel dos gestores recite a lista de responsabilidades do gerenciamento de Drucker como se fosse sua. O seu pessoal é o seu segundo maior recurso, portanto desenvolva-o, treine-o e lhe dê apoio.

PERGUNTAS A FAZER

- Eu realmente me considero um gestor e ajo como tal?
- Eu vejo minha tarefa em termos do trabalho que faço ou de ajudar os outros a fazerem seu trabalho?

TEORIA 7 A TEORIA X E Y DE McGREGOR

Use para identificar o tipo estereotípico de gestor que mais se aproxima do seu, e considere como isso causa impacto sobre as suas ações e como você é percebido pelo pessoal.

Douglas McGregor identificou dois conjuntos diferentes de premissas adotadas por gestores em relação a seu pessoal. Cada conjunto de premissas representa uma visão extrema das pessoas e pode ser resumida da seguinte maneira:

Gestores da Teoria X acreditam que a maioria das pessoas...		**Gestores da Teoria Y acreditam que a maioria das pessoas...**
É motivada por preocupações monetárias	⟷	É motivada pela satisfação no trabalho
Evitará trabalhar o mais que puder	⟷	Procura trabalho ativamente
Não tem ambição e não gosta de responsabilidade	⟷	Demonstra ambição e busca responsabilidade
É indiferente em relação às necessidades organizacionais	⟷	Está comprometida com os objetivos organizacionais
Não tem criatividade e resiste a mudanças	⟷	É criativa e gosta de mudanças

McGregor acredita que as ações de cada gestor são governadas pela visão que tem da natureza humana. Um gestor da Teoria X tentará exercer controle rígido por meio de supervisão cerrada, exigirá estrita obediência às regras e ameaçará com punições. Um gestor da Teoria Y criará um ambiente no qual o esforço será reconhecido e recompensado e elogiará constantemente o pessoal.

COMO USAR

- Não pense de antemão que gestores modernos devem adotar a Teoria Y e desprezar a Teoria X. No mundo real você poderá ter de lidar com pessoas cuja única motivação é ganhar o máximo de dinheiro possível com o mínimo de esforço.
- Reconheça que se você escolher a Teoria X seu estilo será de comando, controle e medo, e que recorrerá a coerção (*veja a Teoria 17*), ameaças implícitas e supervisão implacável para gerenciar o seu pessoal. É isso que você quer?
- Se você escolher a Teoria Y, promoverá cooperação, recompensas e boas relações de trabalho. Mas como você lidará com os membros do pessoal que consideram que tal abordagem é uma fraqueza?
- Adote uma abordagem que esteja situada em algum lugar entre os dois extremos de X e Y, mas reconheça que há perigo em passar de uma para outra. O pessoal espera que gestores sejam coerentes (*veja a Teoria 12*). Mudar de abordagem poderá provocar confusão.
- Para evitar confusão estabeleça limites claros para as ações do pessoal. Identifique as regras, os procedimentos e os prazos finais para os quais você espera obediência total. Deixe bem claro o que significa não os cumprir e fiscalize o cumprimento constantemente.
- Gerencie as atividades restantes de sua equipe, adotando uma abordagem inspirada na Teoria Y. Esteja disponível para o pessoal, ouça o que as pessoas têm a dizer e reconheça que, às vezes, elas precisam que você acredite nelas antes de poderem dar o melhor que têm a dar.
- Mantenha sempre as regras básicas do jogo. Elas manterão você e a organização a salvo dos irresponsáveis que só querem enganá-lo.

PERGUNTAS A FAZER

- Em um contínuo, no qual a Teoria X é 1 e a Teoria Y é 100, onde você se situa? No mesmo contínuo, onde o seu pessoal o situaria?
- Dada a cultura da sua organização (*veja a Parte 5*), quão aceitável é a sua abordagem?

TEORIA 8 A TEORIA DE GERENCIAMENTO DE PETERS E WATERMAN

Use como estratégia para elevar o desempenho da sua organização, ouvindo seus clientes e seu pessoal da linha de frente.

Tom Peters e Robert Waterman escreveram o best-sellet *In search of excellence* (*Em busca da excelência*). O intuito desses autores era identificar os aspectos fundamentais de organizações excelentes. Em livros posteriores Peters expandiu essas ideias.

PARA ALCANÇAREM O SUCESSO E CONTINUAREM BEM-SUCEDIDAS AS ORGANIZAÇÕES PRECISAM:
Usar liderança transformacional (*veja as Teorias 20 a 22*) para inspirar e motivar o pessoal. Para isso funcionar, gestores e pessoal devem compartilhar um conjunto de valores em comum e agir com integridade.
Ouvir os clientes e o pessoal da linha de frente, visto que, frequentemente, os gestores estão muito afastados para saber o que os clientes pensam, sentem ou querem.
Reconheçer que inovação de produto e práticas de trabalho aprimoradas geralmente vêm do pessoal da linha de frente. Esse pessoal deve ser reconhecido e festejado, e não ignorado ou marginalizado, como frequentemente acontece.
Celebrar a história da organização e desenvolver uma cultura organizacional compartilhada, usando as realizações, eventos passados, histórias e símbolos como matéria-prima (*veja a Parte 5*).
Desafiar a burocracia, sempre que ela crescer, e criar bolsões de excelência.
Incentivar os gestores a serem proativos, com tendência a partir para a ação em vez de apenas reagir a eventos.
Usar uma abordagem frouxa–exigente quando exercer controle do pessoal. Isso permitirá que as pessoas exerçam seu próprio discernimento dentro de parâmetros claramente definidos.
Ater-se ao que as pessoas sabem e entendem.

COMO USAR

- Peters e Waterman promovem um estado de espírito em vez de uma única teoria. Se você gostar de suas ideias, precisará pensar como eles e ouvir o pessoal da linha de frente, bem como os clientes (*veja a Teoria 10*).
- Trabalhe com o pessoal no desenvolvimento de um conjunto de valores e visões compartilhados para a sua equipe (*veja as Teorias 20 a 22*). Isso não é fácil e não acontecerá da noite para o dia. Comece perguntando: Por que estamos aqui? Qual é a nossa finalidade? Então, continue a partir disso.
- Em toda a oportunidade que tiver, ouça o que os clientes têm a dizer. Não adote uma atitude defensiva. Receba de bom grado suas reclamações e comentários, e elabore o que pode ser feito para melhorar a situação (*veja a Parte 8*).
- Desenvolva boas linhas de comunicação com o pessoal da linha de frente, ouça o que essas pessoas dizem e parta para a ação. Use-as para identificar oportunidades de inovação. Se uma ideia funcionar, compartilhe com elas o crédito pelo sucesso. Assim, mais ideias aparecerão.
- Com a mesma paixão de um membro da Inquisição Espanhola, procure e arrase áreas de burocracia em sua organização e desenvolva bolsões de excelência.
- Use o tempo ocioso para descobrir problemas e lidar com eles antes que cresçam.
- Exatamente como você quer exercer seu discernimento, dê espaço ao pessoal para que explore suas próprias ideias. Não puxe a coleira com muita força quando as pessoas atingirem os limites de seu discernimento.
- Atenha-se a o que você sabe. Não se envolva em trabalhos que não entenda, mesmo que esteja disposto a aprender as questões nele envolvidas. No final da década de 1990, Warren Buffet era ridicularizado porque não investia no florescente setor tecnológico porque, como ele dizia, "Eu não entendo desse negócio". Em 2002, depois do estouro da bolha das pontocom, ele foi considerado um gênio.

PERGUNTAS A FAZER

- A cultura da organização é compatível com as ideias de Peters e Waterman?
- Dada a minha posição, quanto das abordagens de gestão de Peters e Waterman eu posso adotar?

TEORIA 9 OS SETE HÁBITOS DE COVEY™ DAS PESSOAS ALTAMENTE EFICAZES

Use para identificar uma estratégia para alcançar suas próprias metas e objetivos, além de uma filosofia sobre como tratar pessoas ao longo do caminho.

O modelo dos sete hábitos de Covey™ pode ser subdividido em hábitos pessoais e interpessoais.

HÁBITOS PESSOAIS – APLICADOS A VOCÊ MESMO – SÃO:
Seja proativo: os gestores devem tentar moldar os eventos e o ambiente no qual trabalham, e não apenas ficar sentados, esperando que as coisas aconteçam.
Comece com o objetivo em mente: os gestores devem identificar o que querem conseguir. Uma vez identificado o alvo, devem evitar distrações e trabalhar constantemente em atividades que os levem aos seus objetivos.
Primeiro o mais importante: os gestores devem priorizar as atividades que os ajudarão a cumprir seus objetivos.
Recupere as forças: os gestores são humanos. Precisam de tempo para descansar e se recuperar, bem como para se renovar e atualizar suas habilidades.

HÁBITOS INTERPESSOAIS – TRABALHANDO COM OUTROS – SÃO:
Ações com as quais todos ganham: quando lidam com pessoal, clientes, fornecedores e até mesmo concorrentes, os gestores sábios procuram um terreno e uma solução em comum que satisfaça a todas as partes.
Procure primeiro entender, depois tente ser entendido: do mesmo modo que os médicos, os gestores devem diagnosticar o problema antes de prescrever a cura.
Use sinergia: a sinergia ocorre quando o resultado é maior que a soma das partes. É um caso de 2 + 2 = 5. Um ótimo trabalho de equipe pode possibiltar isso (*veja a Parte 4*).

COMO USAR

- Para ser proativo, saia da cadeira e se esforce para cumprir as suas metas. Não fique sentado esperando que as coisas aconteçam. Procure oportunidades para moldar os eventos e o ambiente no qual você trabalha.
- Comece tendo em mente o objetivo final, identificando seus alvos. O que você realmente quer da vida? Lembre-se das suas primeiras ambições. O que você queria quando estava na escola ou apenas começando a trabalhar? Agora é a hora de concretizar seus sonhos. Registre-os por escrito, como de curto prazo (um ano), médio prazo (dois a três anos) e longo prazo (mais de três anos) e elimine-os da lista quando concretizá-los.
- Classifique suas metas em ordem de importância e identifique as atividades que o farão atingi-las mais rapidamente. Pode ocorrer que, às vezes, você tenha de trabalhar em outras coisas. Ok, mas volte ao que é importante o mais rapidamente possível.
- Lembre-se de cuidar se si mesmo e recuperar as forças. Separe um tempo para relaxar, descanse um pouco e atualize suas habilidades profissionais.
- Quando tratar com pessoal, clientes e até concorrentes, procure primeiro entender o que eles estão dizendo. Ouça e tente perceber o que eles realmente querem.
- Quando você entender as necessidades deles, poderá identificar uma solução com a qual todos ganham, e que satisfaz todas as partes. Isso desenvolverá confiança e dará melhores resultados quando você tratar com essas mesmas pessoas no futuro.
- Os relacionamentos que você desenvolveu com base em respeito mútuo e imparcialidade criarão sinergia, em vez de competição, e melhorarão os resultados futuros além das suas expectativas.

PERGUNTAS A FAZER

- O que eu quero da vida? Quais são minhas metas e ambições?
- Como cumprirei minhas metas e ambições? Qual é o meu plano?

TEORIA 10

GERENCIAMENTO AMBULANTE (MANAGEMENT BY WALKING ABOUT – MWBA)

Use o gerenciamento ambulante (Management By Walking About – MBWA) para evitar distanciar-se do pessoal e do que está acontecendo na sua organização.

Como muitas teorias, a MBWA é algo que bons gestores vêm fazendo desde que Adão e Eva expressaram pela primeira vez seu interesse por maçãs e é impossível identificar onde a ideia se originou. Porém, provavelmente, é justo dizer que ambos, Mark McCormack e Tom Peters, ajudaram a popularizá-la.

A teoria é simples. Para evitar ficar isolado e perder contato com o pessoal e com as operações do dia a dia da organização, os gestores devem sair do escritório e perambular pela fábrica, pela loja, pelo sítio ou pelo escritório, ouvir o pessoal e observar, em primeira mão, o que está acontecendo.

USE AS CAMINHADAS COMO UMA OPORTUNIDADE PARA:
Desenvolver confiança e entendimento com o pessoal.
Ouvir o que o pessoal tem a dizer e acolher seus problemas de trabalho e ideias.
Procurar exemplos de boas práticas que possam ser implementadas em outros lugares na organização.
Procurar exemplos de más práticas e eliminá-los.
Observar como os outros gestores e supervisores interagem com o pessoal.
Aprimorar seu conhecimento sobre o negócio, o pessoal e os produtos.
Responder perguntas do pessoal.
Conhecer todos pessoalmente, bem como o que os motiva/desmotiva.

COMO USAR

- Identifique um alvo para toda a caminhada que fizer. Tal alvo pode ser descobrir o que o pessoal acha de novos procedimentos de trabalho, identificar um problema ou boa prática em uma seção específica, sentir como está a moral do pessoal em geral e, em raras ocasiões, promover uma nova iniciativa.
- Não fale muito com o pessoal. Ouça mais do que fale e pergunte às pessoas quais são suas ideias e visões em relação a questões de trabalho. Não tenha medo de gastar alguns minutos falando sobre futebol ou sobre o que viu na televisão na noite anterior se isso ajudar a pessoa a relaxar e se abrir.
- Sempre cumpra quaisquer promessas que fizer e nunca se comprometa com algo que não pode cumprir.
- De volta ao escritório anote alguns pontos que observou e analise seus dados em três categorias, isto é:
  1. Questões que exigem ação imediata.
  2. Informações que servirão para ações futuras.
  3. Informações factuais sobre a organização e seus processos, das quais você não tinha conhecimento.
- Use os dados coletados para melhorar os comportamentos, as práticas e os processos da organização, bem como para subsidiar as suas decisões.

PERGUNTAS A FAZER

- Quando foi a última vez que eu "perambulei" pelo local de trabalho?
- De onde vêm as minhas informações sobre a empresa? Por quantos filtros elas passaram antes de chegar a mim?

UMA PALAVRA FINAL SOBRE TEORIAS DE GERENCIAMENTO

PORQUE DRUCKER FOI COROADO O REI DAS TEORIAS DE GERENCIAMENTO?

Quando Einstein apresentou sua tese de PhD de seis páginas, os examinadores ficaram impressionados com suas ideias, mas pediram que ele "escrevesse um pouco mais". Ele foi embora, pensou no assunto durante uma semana, acrescentou uma sentença e reapresentou sua tese – que foi aprovada.

A teoria não tem de ser longa e complicada para ser profunda. Drucker resume a finalidade de uma empresa e o papel dos gestores em menos de 75 palavras. No entanto, essas poucas palavras formaram a base de grande parte do que se pensou e escreveu sobre gerenciamento nos últimos 60 anos. E ele nem teve de acrescentar mais uma sentença.

A mensagem mais coerente comunicada nesta seção é que as teorias de gestão frequentemente são contraditórias. Ou seja, os escritores não conseguem nem mesmo decidir se é melhor obrigar o pessoal à submissão com uma estocada, ou envolvê-los em algodão. Mas tudo bem, porque as pessoas e as situações são infinitamente variáveis e não podemos esperar que uma única abordagem seja bem-sucedida em todas as situações e com todas as pessoas.

Lembre-se sempre de que você é um gestor e não um administrador. Sua tarefa é organizar e coordenar o trabalho do seu pessoal, e não preencher formulários. Se você é novo no gerenciamento, deve agir, pensar e falar como um gestor (e não, eu não quero dizer que deva pomposamente impingir aos outros toda aquela ridícula linguagem do gerenciamento que me faz querer fazer o idiota que a está usando subir no mastro de bandeira mais próximo só para ver quem o saúda). Você não é mais um membro do pessoal ou um administrador, você é um gerente. Portanto, gerencie.

Na qualidade de gerente, você é responsável por obter resultados, estabelecendo objetivos, organizando recursos, motivando o pessoal, monitorando desempenho e desenvolvendo pessoas, inclusive você mesmo. Essa é a tarefa e você não pode fugir dela. Portanto, prepare-se com entusiasmo e comece a gerenciar.

Se você está estreando no gerenciamento, o modo mais rápido de causar impacto é procurar meios de melhorar a eficiência e a eficácia da sua equipe. Adote novas tecnologias e não hesite em pinçar boas ideias de seus concorrentes e de outras equipes (*veja a Teoria 74*). Se alguém lhe disser que executa uma tarefa de um modo particular porque "é assim que sempre foi feito" você sabe que descobriu um processo que está pronto para ser mudado.

Se você é um gestor experiente, então, explore os limites do seu poder e autoridade. A maioria dos gestores subestima o poder que, na realidade, tem (*veja as*

Teorias 74 e *75*). Exercite-o um pouco e veja até onde ele o leva. Lembre-se de que, se você passar do limite, é sempre mais fácil pedir desculpas do que pedir permissão, desde que não dê uma de Nick Gleeson e leve a sua organização à bancarrota.

Se você acabou de ser promovido de gerente pleno a gerente sênior, provavelmente ninguém lhe dirá quais são os limites de seu poder ou responsabilidades, portanto force as barreiras. Na qualidade de gerente sênior, é o que se espera de você. Você não foi indicado por ser uma flor sensível.

Seja qual for o estágio em que se encontre a sua carreira de gerente, lembre-se de que o pessoal precisa de clareza. Portanto, evite ambiguidade e incerteza e assegure-se de que as pessoas sabem exatamente a quem devem se reportar e o que se espera delas. Não deixe espaço para dúvidas.

Nunca esqueça de que você consegue resultados por meio de pessoas. Portanto, desenvolva um bom relacionamento de trabalho com todo o seu pessoal. Trate todos com igualdade e julgue as pessoas por suas ações, e não pelo quanto você gosta ou não gosta delas. Na qualidade de gerente, você não pode se dar ao luxo de ter favoritos. Isso provoca ressentimento e ciúme, além de reduzir a produtividade.

Ouça o pessoal e os clientes. Entre os ocasionais murmúrios e queixas, você encontrará algumas genuínas pepitas de sabedoria. Sua tarefa é separar o ouro do entulho. Para tal, você precisa manter uma mente aberta, sempre em busca de ideias inteligentes e inusitadas. Você pode imaginar a recepção que Sir Walter Raleigh teve nas tavernas de Londres, quando sugeriu, pela primeira vez, pôr algumas folhas de tabaco na boca e acendê-las? Quem imaginaria que sua ideia geraria uma indústria multibilionária? Consulte o seu pessoal sobre quaisquer problemas que lhe sejam relatados, visto que as pessoas podem ter a solução à mão, à espera de ser implementada.

Sempre ajude os seus colegas. Quem sabe quando você precisará de um favor deles? Porém, não permita que as crises deles o afastem do seu trabalho. Aprenda a ser assertivo e não aceite a responsabilidade pelo trabalho ou erros de outros, a menos que sejam membros da sua equipe.

Quando estiver trabalhando, trabalhe mesmo. Quando estiver longe do trabalho divirta-se bastante, mas não se esqueça de relaxar. Você não é uma máquina. Seja gentil consigo mesmo, pois ninguém mais será – exceto, talvez, o seu cachorro, a sua família e seus verdadeiros amigos (nessa ordem). Mantenha-se atualizado em relação às novidades em sua área de trabalho/profissão e faça, no mínimo, uma entrevista de emprego por ano, mesmo que não queira mudar de emprego. Assim você saberá o que está acontecendo, terá uma boa ideia quanto ao seu valor de mercado e estará bem preparado quando chegar a hora de seguir em frente.

Por fim, lembre-se: você tem dois ouvidos e uma boca; gestores espertos os usam na mesma proporção.

PARTE 2

COMO LIDERAR PESSOAS

PALAVRAS INICIAIS

Então o que é liderança? A palavra liderar significa "guiar por um caminho, indo à frente", (*Longman new universal dictionary*) ou "dirigir na condição de líder" (*Novo Aurélio*). Portanto, é seguro dizer que liderar envolve levar alguém em uma jornada, da posição em que está atualmente até outro lugar. A jornada pode ser física, como quando Moisés liderou os israelitas na fuga do Egito, ou psicológica, como quando um líder muda as atitudes de um grupo de trabalhadores. Seja qual for, envolve mudança. Você não pode ser um líder, a menos que lidere algum tipo de mudança. É isso que os líderes fazem: mudam as coisas.

Infelizmente, todos já vimos líderes que mudam coisas só para enfeitar seu próprio currículo. Implementam uma grande mudança e, então, vão embora antes que suas ações surtam efeitos e eles sejam considerados culpados por mais uma monumental confusão. Bons líderes sempre têm uma finalidade em mente, quando mudam alguma coisa, e os melhores só fazem mudanças que ajudam a organização a atingir seus objetivos.

Mas como os líderes provocam a mudança? Eles não podem fazê-lo por conta própria. Precisam da ajuda de outros. Isso transforma a liderança em um processo que envolve influenciar outros a trabalhar em prol da realização de suas metas e de seus objetivos. Liderança não é uma questão de poder ou força, mas de influência. Ninguém quer um exército de recrutas obrigados como seguidores; o que queremos é um exército de voluntários.

Os tópicos nesta seção estão, de modo geral, em ordem cronológica, porém somente a teoria dos traços de personalidade é de antes de 1930. Alguns deles você conhece, como a liderança situacional de Hersey e Blanchard; outros, como a troca entre membros e líderes, podem ser novidade.

Mais recentemente, a liderança transformacional (TL) tornou-se o estilo de liderança preferencial de muitas organizações. Por essa razão, e porque a teoria evoluiu em três fases, eu usei três tópicos para explorar essa importante teoria. Isso significa que você precisa ler os tópicos sobre Burns, Bass, além de Bennis e Nanus para obter um quadro completo do modo de usar essa teoria.

Seja qual for a teoria ou teorias que decida adotar, há uma característica que você deve exibir o tempo todo se quiser convencer as pessoas de que vale a pena segui-lo, e essa característica é a autoconfiança. Se não tiver fé em suas próprias capacidades ou na abordagem de liderança que adotar, porque alguém confiaria em você? É essencial que você sempre pareça autoconfiante e otimista – especialmente quando está aterrorizado. Para conseguir isso "Aja como se tivesse fé e a fé ser-lhe-á dada" ou, em outras palavras, aja sempre com confiança e logo o ato tornar-se-á realidade. Além do mais, o importante não é como você se sente; o que importa é como você é percebido por seu pessoal/seguidores.

Muitos grandes líderes sofreram com ataques de nervos e dúvidas sobre si mesmos. Na verdade, provavelmente somente os loucos e os megalomaníacos estão livres da dúvida. Bons líderes enfrentam seus medos e os vencem. Você pode fazer o mesmo. Afinal, se ser um líder fosse fácil, todos seriam líderes. O desafio é que vale a pena.

TEORIA 11 A TEORIA DOS TRAÇOS DE PERSONALIDADE

Use para identificar os principais traços que você precisa exibir consistentemente, se quiser ser considerado um líder.

As origens da teoria dos traços de personalidade são desconhecidas, mas sua finalidade é simples. Ela tenta identificar as características que distinguem líderes de seguidores. Infelizmente, mais de um século de pesquisa não conseguiu revelar uma lista definitiva de traços de personalidade que todos os líderes possuem. Apesar desse fracasso, a teoria continua popular porque as pessoas conservam um vínculo romântico com a ideia de que os líderes são uma raça especial e têm características inatas que fazem que valha a pena segui-los. Quem quer que deseje ser considerado um líder precisará exibir vários dos seguintes traços, se não todos.

TRAÇOS DE PERSONALIDADE POPULARES QUE SE ESPERA QUE OS LÍDERES DEMONSTREM:
Autoconfiança
Habilidades sociais
Habilidades motivacionais
Integridade
Responsabilidade
Inteligência
Comportamento de "helicóptero"

Traços específicos de um setor também podem ser exigidos, por exemplo, no serviço das forças armadas, polícia ou bombeiros a coragem física é importante, ao passo que, para um acadêmico, a capacidade intelectual é essencial.

COMO USAR

- Procure oportunidades para demonstrar a seu pessoal e a seu chefe que você tem os traços necessários para ser um líder.
- Demonstre autoconfiança em todas as ocasiões — especialmente quando está apavorado. O modo como você se sente não importa. O que conta é como você é percebido.
- Você não tem de falar muitíssimo bem para ser sociável. Em qualquer conversação, incentive os outros a falar e ouça atentamente. Isso fará que as pessoas o considerem muito sociável e você colherá informações valiosas.
- Para motivar o pessoal lidere pelo exemplo, mostre entusiasmo pelo trabalho de sua equipe e encontre meios de fazer que o pessoal sinta orgulho de seu próprio trabalho (*veja a Parte 3*).
- As pessoas seguem aqueles em quem confiam, portanto aja com integridade e demonstre que você não sacrificará nenhum membro do pessoal no altar da sua própria ambição.
- Aceite a responsabilidade pelos erros que você e sua equipe cometem. Não culpe outros. Não é permitido passar o bastão.
- Você precisa de certo nível de inteligência para ser um líder. Mas as pessoas raramente seguem um gênio, porque não acreditam que um gênio possa entender seus problemas. O ex-presidente americano Clinton tem um QI de gênio, mas quando falava ao público gostava de parecer apenas um " velho camarada".
  E assim conquistou muitos votos.
- Quando considerar um problema ou tomar uma decisão, paire como um helicóptero sobre os interesses limitados da sua própria equipe e tome decisões tendo como base o que é melhor para toda a organização. Se fizer isso consistentemente, certamente será notado.
- Identifique e demonstre quaisquer traços específicos do setor que sejam relevantes.

PERGUNTAS A FAZER

- Como posso ver claramente a ideia que o pessoal, colegas e a gerência têm de mim? Como posso desenvolver os pontos positivos e eliminar os negativos revelados por essa minha avaliação?

TEORIA 12 OS ESTUDOS DE MICHIGAN E OHIO – A TEORIA DO ESTILO BÁSICO

Use para identificar seu estilo de liderança padrão – isto é, você é um líder orientado para a tarefa ou orientado para a pessoa?

Na década de 1940, a Universidade de Michigan sugeriu que o comportamento de liderança podia ser descrito como orientado para a pessoa ou orientado para a tarefa. Os líderes orientados para a pessoa preocupam-se em manter bons relacionamentos com o pessoal e acreditam em uma abordagem participativa e democrática da liderança.

Os líderes orientados para a tarefa preocupam-se mais com resultados e rendimentos do que com os sentimentos das pessoas. São movidos por metas, sendo diretos e controladores. Raramente ouvem o pessoal.

A Universidade de Michigan descreveu esses dois arquétipos como os extremos opostos de um único contínuo. Isso implicava que os líderes só poderiam preocupar-se com pessoas ou com a execução de tarefas, mas não com ambas.

A Universidade de Ohio desenvolveu a teoria básica e argumentou que a orientação para o funcionário e a orientação para a tarefa não estão em um único contínuo, mas em dois contínuos separados, cada um percorrendo a gama de baixo até o alto. Isso significava que era possível um líder ter um de quatro estilos de liderança.

Os estilos de liderança disponíveis para um líder são:

- alta preocupação com pessoal e tarefa;
- alta preocupação com pessoal e baixa preocupação com tarefa;
- baixa preocupação com ambos, pessoal e tarefa;
- baixa preocupação com pessoal e alta preocupação com tarefa.

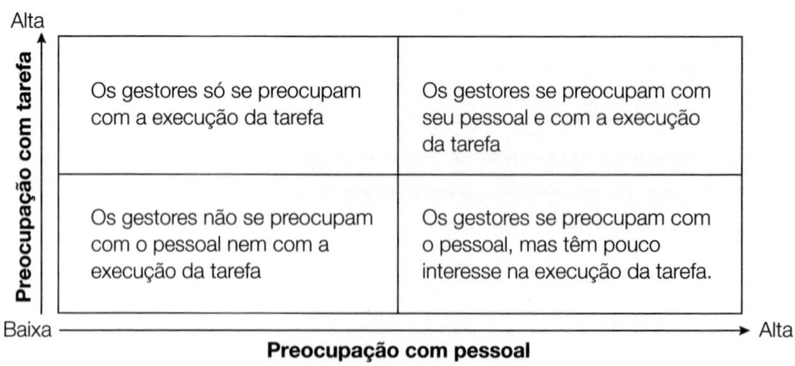

COMO USAR

- Se atualmente você enfatiza a execução da tarefa acima da preocupação com o pessoal, não abandone o seu entusiasmo e paixão por desempenho, mas adicione a eles a preocupação com o bem-estar do pessoal.
- Melhore suas relações com as pessoas, reservando um tempo para conhecê-las. Converse com elas por alguns minutos antes de começar a trabalhar.Você se surpreenderá com o tanto que isso irá melhorar a atmosfera no local de trabalho.
- Envolva as pessoas em discussões sobre o planejamento, programação e organização do trabalho como um meio de motivá-las ao cumprimento das metas e à automonitoração *(veja a Parte 3)*.
- Se atualmente você enfatiza as necessidades das pessoas mais do que a execução da tarefa, pergunte a si mesmo: Estou obtendo produtividade suficiente do meu pessoal? Se a resposta for "não" adote uma abordagem mais orientada para a tarefa.
- Comece reconhecendo que você não é amigo, nem conselheiro, nem psiquiatra do pessoal. Você é o gestor e, embora a sua atitude possa ser amigável, você é pago para garantir que cada um faça seu trabalho.
- Estabeleça algumas metas e prazos finais importantes para todo o pessoal e insista que sejam cumpridos. Uma vez aceitos, desenvolva essas metas e prazos até você preocupar-se igualmente com o pessoal e com a tarefa.
- Procure agir de modo firme, justo, amigável e apoiador o tempo todo. Haverá ocasiões em que você terá de exigir o máximo esforço do pessoal. Mas as pessoas não são burras. Elas sabem quando uma tarefa é importante ou urgente e se você tiver um bom relacionamento com elas, não o deixarão na mão.
- Se você não tiver nenhum interesse pela tarefa ou por seu pessoal desista do gerenciamento.

PERGUNTAS A FAZER

- Falta-me confiança para ser diretivo e dar ordens quando necessário? Ou o pessoal acha que eu sou agressivo?
- Eu preciso de treinamento em assertividade?

TEORIA 13 A GRADE DE LIDERANÇA DE BLAKE E MOUTON®

Use para confirmar seu estilo de liderança preferido e, ao mesmo tempo, reconhecer que você pode mudar seu estilo quando as circunstâncias exigirem.

Blake e Mouton desenvolveram a teoria do estilo básico (*veja a Teoria 12*) e produziram uma Grade de Liderança. A grade identifica o grau de preocupação que o líder dedica à execução do trabalho (centrado na tarefa) e ao seu pessoal (centrado nas pessoas). Eles identificaram cinco estilos de liderança.

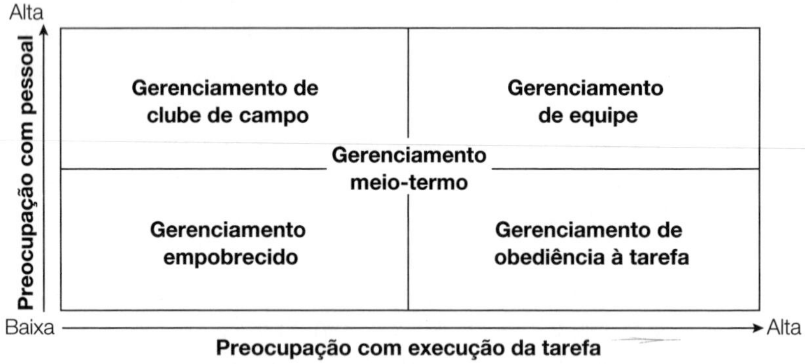

Fonte: Adaptado de NORTHOUSE, P. G. *Leadership*: theory and practice. 4. ed. Austin: Grid International, Inc., 2006.

- **Gerenciamento de clube de campo**: o líder tem pouco interesse na conclusão da tarefa, mas alta preocupação com as necessidades sociais do pessoal.
- **Gerenciamento de obediência à tarefa**: o líder tem pouca preocupação com as necessidades do pessoal. Sua preocupação preponderante é com a execução/o cumprimento de metas.
- **Gerenciamento de conciliação**: o líder gosta de chegar a um acordo. Ele procura satisfazer mais do que maximizar o bem-estar do pessoal e a produção.
- **Gerenciamento empobrecido**: o líder tem pouco interesse, tanto pelo pessoal quanto pela tarefa. Faz o mínimo possível, apenas para satisfazer.
- **Gerenciamento de equipe**: o líder enfatiza tanto a necessidade de altos níveis de realização quanto de excelentes relacionamentos com o pessoal. Blake e Mouton sugerem que essa é a abordagem que todos os líderes deveriam usar.

COMO USAR

- Se você é um gestor de equipe, ótimo. Mas cuidado! Você precisa parecer dedicado e cuidadoso, mas não frenético e bajulador.
- Se você é um gestor de clube de campo, essa abordagem pode ser adequada depois de um período de trabalho árduo, mas não pode continuar indefinidamente. A certa altura, você terá de dar mais ênfase à conclusão da tarefa (*veja a Teoria 12*).
- Se você é um gestor meio-termo, Blake e Mouton lhe dirão que essa abordagem tem pouco mérito. Porém é realista esperar que o pessoal sempre trabalhe a pleno vapor? Uma abordagem que produz níveis de trabalho na faixa de 80% a 90%, que tem capacidade de trabalhar a 90% ou mais quando necessário, pode ser uma boa estratégia de longevidade. Só você pode decidir se essa é uma abordagem aceitável em sua organização.
- Se você é um gestor orientado para a tarefa que dá grande ênfase à execução do trabalho, então sua abordagem será claramente adequada em períodos de crise ou extrema pressão. Todavia, se usada como sua posição padrão, você deve tentar obter um melhor equilíbrio entre a preocupação com o trabalho e com as pessoas (*veja a Teoria 12*).
- Se você é um gestor empobrecido, das duas, uma: ou está na organização errada e precisa mudar de emprego ou não tem nenhum interesse por gerenciamento, caso em que precisa partir para outra carreira.
- Reconheça que um único estilo não funcionará em todas as situações. Portanto, seja sempre flexível e adapte seu estilo de gerenciamento às mudanças nas circunstâncias.

PERGUNTAS A FAZER

- Qual estilo de liderança é usado pelos líderes mais respeitados/bem-sucedidos na minha organização?
- O meu estilo de liderança reflete ou entra em choque com o estilo mais popular na organização?

TEORIA 14 A LIDERANÇA CENTRADA EM AÇÃO DE ADAIR

Use para lembrar-se de que você tem de equilibrar continuamente as necessidades da tarefa, da equipe e do indivíduo, e que há ocasiões em que terá de enfatizar as necessidades de um, em detrimento das necessidades dos outros dois.

O modelo de John Adair contém elementos da teoria do estilo, bem como da teoria da contingência (*veja as Teorias 12 e 15*). Ele enfatiza que um líder deve equilibrar constantemente as necessidades da tarefa, do indivíduo e da equipe, mas reconhece que há certas ocasiões em que as necessidades de um podem superar as dos outros dois.

Área de responsabilidade do gerente

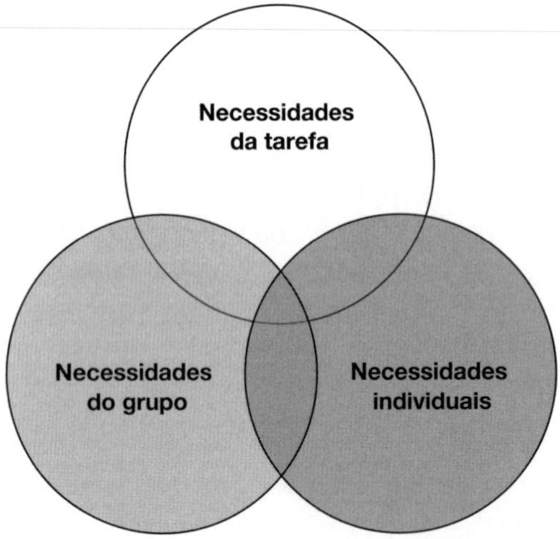

Fonte: Adaptado de ADAIR, J. *John Adair's greatest ideias for being a brilliant manager*. Minneapolis: Capstone, 2011.

- **Necessidades individuais**: Incluem satisfazer as necessidades de treinamento, utilização de mentores e motivação do pessoal.
- **Necessidades do grupo**: Incluem treinamento, desenvolvimento do espírito de equipe, motivação e manutenção da disciplina do grupo.
- **Necessidades da tarefa**: Incluem determinar padrões de trabalho, prazos finais, metas e providenciar os recursos necessários para fazer o trabalho.

COMO USAR

- Quando as necessidades da pessoa, da equipe e da tarefa colidem, baseie sua decisão quanto à prioridade da área, tendo como referência o que é melhor para a organização no longo prazo. A organização emprega você para tomar decisões que sejam do melhor interesse da empresa, e não de qualquer grupo ou indivíduo na organização.
- Quando a necessidade da pessoa entra em conflito com a da equipe, baseie sua decisão no que é melhor para a equipe. Essa posição padrão reconhece que, quando alguém se junta a uma equipe, concorda com a lei não escrita que determina que essa pessoa deve subordinar suas necessidades ao bem da equipe.
- Essas abordagens citadas aqui estão fundamentadas na velha máxima que diz que as decisões devem ser baseadas no bem maior para o maior número de pessoas. Se você concorda com tal abordagem, essa não será uma posição padrão ruim para adotar como ponto de partida.
- Não se esqueça de que sempre haverá exceções à abordagem que acabamos de delinear, quando será correto que a necessidade de um indivíduo fique acima das necessidades da tarefa e da organização.
- Se a sua decisão enfurecer um indivíduo ou a equipe, não permita que a situação piore. Converse com a parte ofendida e explique as razões de sua decisão. Pode ser que eles continuem a não concordar com a sua decisão, mas ficarão contentes porque tiveram a oportunidade de externar sua raiva (*veja a Teoria 83*).

PERGUNTAS A FAZER

- Qual é o conjunto de necessidades que eu geralmente priorizo?
- É muito difícil para mim alterar a minha posição padrão?

TEORIA 15 A TEORIA DA CONTINGÊNCIA DE FIEDLER

Use para avaliar quão favorável ou desfavorável é a sua situação, e identificar os fatores que você precisa abordar para melhorar a situação.

A teoria da contingência, de Fred Fiedler, tenta combinar líderes com cargos nos quais eles serão bem-sucedidos. É denominada teoria da contingência porque sugere que a efetividade de um líder estará condicionada ao grau de compatibilidade de seu estilo de liderança com a posição (cargo) que ocupa.

O GRAU DE FAVORECIMENTO DO CARGO É AVALIADO, USANDO-SE TRÊS FATORES:
O relacionamento entre o líder e seus seguidores. É bom, mau ou indiferente?
O nível de estrutura no trabalho executado pelos seguidores. Por exemplo, o trabalho em qualquer cadeia de fast food é altamente estruturado com instruções por escrito sobre como concluir cada um dos processos. Compare isso com um gestor de marketing de uma organização artística que dispõe de ampla liberdade para decidir como fazer seu trabalho – com baixo nível de complexidade estrutural.
O poder da posição (cargo) que o líder ocupa. Isto é, até que ponto o líder pode punir ou premiar os seguidores?

Tomados em conjunto, esses fatores descrevem o quanto a situação é favorável para o líder. Fiedler argumenta que situações são mais favoráveis quando há boas relações líder/seguidor, a tarefa é bem definida e há um forte poder de liderança na posição que o líder ocupa. As situações são desfavoráveis quando os relacionamentos líder/pessoal são ruins, a tarefa não é estruturada e o poder posicional do líder é fraco.

COMO USAR

- Use a teoria da contingência para analisar a sua posição e identificar a fonte de quaisquer problemas que enfrentar. É o pessoal, a natureza do trabalho, a sua falta de poder ou uma combinação desses três? Uma vez identificado o problema, planeje um curso de ação para resolver a questão.
- Muitas vezes, o problema é apenas uma pessoa. Geralmente, ela se vê como o líder não oficial da equipe e tem medo de perder seu poder. Tente atraí-la para o seu lado ou, se isso falhar, use seus poderes para fazê-la entrar na linha (*veja as Teorias 76 e 77*). Porém, uma vez iniciada essa guerra, você terá de vencer. Se perder será o seu fim.
- Se é a natureza do trabalho que dificulta o controle das ações do pessoal, defina procedimentos que os obriguem a informar periodicamente seu progresso/desempenho. Além disso, defina claros limites para a liberdade de ação que eles podem exercer.
- O poder raramente é dado; você é que tem de tomá-lo. Portanto use o poder/autoridade que vem com a posição que você ocupa para resolver o problema. Poucos discordarão do seu direito de usá-lo (*veja as Teorias 76 e 77*).
- A teoria da contingência sugere que, quando você se encontrar em uma situação desfavorável, deverá mudar a situação e não a sua abordagem de liderança. Pode ser que você decida que, em muitas situações, é mais rápido e mais fácil mudar sua abordagem de liderança (*veja as Teorias 7, 12, 13 e 17*).

PERGUNTAS A FAZER

- Há uma pessoa ou questão que é a fonte dos problemas que eu enfrento?
- Esse trabalho serve para mim? Às vezes, pode ser que você não seja adequado para esse cargo específico. Se for esse o caso, saia.

TEORIA 16 A TEORIA DA LIDERANÇA SITUACIONAL DE HERSEY E BLANCHARD (COROA DE REI)

Use com o pessoal toda vez que lhes der uma tarefa para executar.

Se você, alguma vez, frequentou um curso de liderança para gestores de nível médio, há uma boa chance de que já conheça a teoria da liderança situacional, de Ken Blanchard e Paul Hersey, amplamente usada por treinadores e muito popular entre os gerentes, porque dá conselhos claros sobre como liderar pessoas de uma equipe.

A teoria básica sugere que, na qualidade de líder, você precisa oferecer uma combinação de direção e apoio quando lida com um membro do pessoal. A direção envolve dar a uma pessoa instruções detalhadas sobre como concluir uma tarefa/trabalho, isto é, dizer a ela como fazer o trabalho. O apoio requer que você lhe dê o incentivo e o apoio pessoal de que ela precisa para concluir a tarefa/o trabalho, isto é, lhe diga que você acredita que ela pode fazer o trabalho.

AS QUATRO ABORDAGENS QUE VOCÊ PODE ADOTAR SÃO:
Treinamento: quando você dá altos níveis de direção e apoio.
Direção: quando você dá altos níveis de direção, mas baixos níveis de apoio.
Apoio: quando você dá altos níveis de apoio, mas baixos níveis de direção.deve-se monitorar o desempenho do pessoal em relação aos objetivos.
Delegação: quando você dá baixos níveis de apoio e baixos níveis de direção.

É importante observar que o progresso dos seguidores da direção até a delegação não é linear. À medida que cada nova tarefa é delegada, o papel do líder é identificar o tipo de apoio, se necessário, de que o seguidor precisa para concluir a nova tarefa com sucesso.

COMO USAR

- Para usar a teoria situacional efetivamente, você precisa conhecer e entender as pessoas que trabalham para você. Comece coletando essa informação agora!
- Identifique a tarefa que você quer que seja concluída.
- Use o seu conhecimento do pessoal, a experiência deles, a carga de trabalho existente e as prioridades para selecionar uma pessoa para fazer o trabalho. Vamos dizer que essa pessoa é Charlie.
- Considere as quatro abordagens e escolha qual delas usará com ele.
- Discuta com ele o que precisa ser feito. Incentive-o a fazer perguntas e identificar quais informações ou tipo de apoio ele necessita para fazer o trabalho.
- Use perguntas abertas e fechadas para avaliar quão bem Charlie entendeu a tarefa e o grau de confiança que ele sente em relação ao trabalho.
- Com base nessas respostas decida se o que você pensou inicialmente sobre a adequação de Charlie para executar a tarefa estava correto. Se estiver em dúvida, prefira errar pelo excesso de cautela e selecione outra abordagem que lhe permita dar apoio adicional se necessário.
- Delegue a tarefa e estabeleça um prazo final de conclusão. Monitore o progresso. Se necessário, programe reuniões periódicas para discutir o progresso. Se você optou por uma abordagem de delegação, essas reuniões podem durar apenas alguns minutos. Porém, se você preferiu uma abordagem de direção, as reuniões podem ser muito mais longas.
- Independentemente da abordagem usada, deixe bem claro que, se surgirem quaisquer problemas, você estará disponível para ajudá-lo.
- Quando Charlie concluir seu trabalho com sucesso, agradeça e use as duas palavras mais motivacionais disponíveis a qualquer líder: "Muito bem" (*veja a Parte 3*).
- Essa abordagem também pode ser usada com toda a equipe (*veja a Parte 4*).

PERGUNTAS A FAZER

- Eu gosto de delegar ou só delego a uma ou duas pessoas em quem confio?
- Tenho a coragem/confiança de confiar no meu pessoal?

TEORIA 17 A TEORIA DA LIDERANÇA TRANSACIONAL DE BURNS

Use para obter a aquiescência de um membro do pessoal que precisa ser persuadido a concordar com o que você pede.

Foi James MacGregor Burns quem popularizou a expressão "liderança transacional". Ao fazer isso, ele descreveu um processo que vem ocorrendo entre líderes e seguidores, gestores e pessoal, bem como entre pais e filhos, desde que Adão usava calças curtas.

A teoria de Burns descreve o processo de barganha, frequentemente informal, que ocorre entre líderes e pessoal o tempo todo. Ele identificou duas estratégias diferentes que os gestores podem usar.

Transações construtivas ocorrem:	*Transações corretivas ou coercivas ocorrem:*
Quando o líder oferece incentivos ao seguidor para que este concorde com o que foi solicitado. Por exemplo, "Se você trabalhar hoje à noite, poderá folgar na sexta-feira à tarde".	Quando o líder ameaça o seguidor se ele se recusar a cooperar ou não parar de agir de certo modo. Por exemplo, "Se você fizer isso novamente, eu não permitirei que você faça horas extras no próximo mês".

Burns acreditava que a gama de incentivos e ameaças disponível para um líder era virtualmente sem limites e não se restringia a recompensas ou sanções financeiras (*veja a Teoria 26*).

COMO USAR

- Confirme os limites do seu poder/autoridade (*veja as Teorias 74 e 75*). Na qualidade de líder, sua capacidade de cumprir o que prometeu ou ameaçou é vital. Se você não cumprir suas ameaças ou promessas, perderá credibilidade.
- Descubra do que o seu pessoal gosta. É claro que é bom ler sobre vários fatores que motivam ou desmotivam seguidores (*veja a Parte 3*), mas cada indivíduo é diferente. Você precisa identificar especificamente a que seus seguidores realmente dão valor e o que eles temem, e usar o que sabe em suas negociações.
- Esse exercício de coleta de dados deve ser contínuo. Começa no primeiro dia de trabalho e só termina quando você passar para um novo trabalho.
- Comece com transações construtivas. Um voluntário disposto é sempre melhor que algum coitado que você coagiu a executar uma tarefa.

PERGUNTAS A FAZER

- Se eu me dedicar constantemente a transações construtivas o pessoal vai achar que eu sou um fracote e/ou vai esperar recompensas por tudo o que fizer?
- Qual é o efeito que a utilização de transações coercivas provoca nos níveis de cooperação e espírito de equipe?

TEORIA 18 A TEORIA DA TROCA ENTRE LÍDER E LIDERADO DE DANSEREAU, GRAEN E HAGA (LMX)

Use se desejar desenvolver (potencialmente) um relacionamento de trabalho próximo com cada um dos membros da sua equipe, e garantir que eles sejam leais a você, e exclusivamente a você.

A teoria de Dansereau, Graen e Haga é incomum porque descreve o que os líderes fazem e sugere uma estratégia de como eles deveriam agir. A LMX (Leader-Member Exchange) sugere que o líder deve tentar estabelecer um relacionamento de trabalho próximo com cada seguidor individualmente.

PARA ISSO, OS LÍDERES SEGUEM UM PROCESSO DE TRÊS ESTÁGIOS:
Estágio 1 – a fase do estranho: nesse estágio, o relacionamento é do tipo gerente/funcionário. O relacionamento é definido pela pessoa que trabalha segundo a descrição do seu cargo e pelo líder que observa sinais de potencial.
Estágio 2 – a fase do conhecido: se for identificado potencial, o líder convida a pessoa a aceitar trabalhos e responsabilidades adicionais. Durante essa fase o líder avalia se o trabalhador tem o que é preciso para tornar-se um membro definitivo do grupo interno.
Estágio 3 – a fase da parceria madura: se o líder estiver satisfeito como o desempenho da pessoa, ela é convidada a juntar-se ao grupo interno. Em troca de aceitar responsabilidades adicionais e demonstrar lealdade ao líder, ela obtém maior acesso ao líder, trabalhos mais interessantes, além de oportunidades de treinamento e progresso

Os que não estão no grupo interno estão no grupo externo.

A força da teoria LMX é que ela permite que um líder desenvolva uma base de seguidores forte e leal. O compromisso e a lealdade dos seguidores melhora a produtividade e a coesão da equipe e as metas e objetivos são alcançados mais rapidamente e com menos controvérsia (*veja a Parte 4*).

COMO USAR

- Decida se você quer usar a teoria LMX. Muitos acham que essa forma de liderança é antiética. Todavia, desde que todos tenham a mesma oportunidade de juntar-se ao grupo interno, a LMX não é inerentemente injusta.
- Identifique o que você pode oferecer ao pessoal em troca de trabalhar com mais afinco e mostrar mais compromisso e lealdade a você. Pode ser acesso, uma reputação de influência sobre o líder ou mais oportunidades de discutir suas visões e ideias.
- Não anuncie que adotará uma forma de liderança LMX nem alardeie os benefícios de pertencer ao grupo interno. Em vez disso, demonstre, por suas ações com membros individuais do pessoal, os benefícios que estão em oferta. As pessoas rapidamente perceberão o que está acontecendo.
- É quase certo que você conseguirá identificar algumas pessoas que já estão trabalhando acima do que é esperado delas. Comece com elas. Então trabalhe de dentro para fora.
- À medida que as pessoas começam a reconhecer os benefícios de pertencer ao grupo interno, muitas também vão querer juntar-se a ele. Assegure-se de que todas tenham a mesma chance, mas recrute apenas as que demonstraram, por sua atitude em relação ao trabalho, que estão dispostas a partir para um relacionamento de trabalho mais próximo.
- Você não está sendo injusto ao recusar a entrada no grupo de alguém que não demonstre compromisso com seu trabalho, mas é injusto excluir alguém só porque você não gosta dele (ou dela).

PERGUNTAS A FAZER

- Posso confiar que meu grupo interno não será composto apenas de amigos?
- Como lidar com os membros do meu grupo externo?

TEORIA 19 A TEORIA DA LIDERANÇA CARISMÁTICA DE HOUSE

Use para lembrar-se de que deve agir constantemente como um modelo de conduta para seus seguidores, ainda que você não seja particularmente carismático.

A liderança carismática existe há muito tempo, mas foi Robert House que a firmou na imaginação popular, na década de 1970. Ele vê o carisma como um traço de personalidade particularmente poderoso, que somente alguns têm, e que os destaca como líderes em muitas mentes. Líderes geralmente carismáticos e seus seguidores demonstram as seguintes características:

LÍDERES CARISMÁTICOS

AGEM COMO MODELO PARA SEUS SEGUIDORES
Promovem uma ideologia baseada em suas crenças morais.
Exibem crenças e valores que atraem os seguidores que desejam adotá-las como suas também.
Demonstram integridade e competência a seus seguidores.
Demonstram confiança em seus seguidores para superar obstáculos e realizar "grandes feitos".
Desenvolvem conscientemente a autoconfiança e a competência dos seguidores.

SEGUIDORES DE LÍDERES CARISMÁTICOS

DEMONSTRAM CONFIANÇA E ACREDITAM NA IDEOLOGIA DO LÍDER.
Mostram lealdade e obediência ao líder.
Identificam-se com o líder e suas metas.
Veem o líder como uma pessoa que merece afeição, gratidão e respeito.

O resultado desse relacionamento próximo entre líder e seguidores é que as pessoas se tornam parte de uma identidade coletiva que tem uma meta e um propósito comuns. Os seguidores se expressam e sentem-se recompensados por trabalhar em prol dos objetivos de seu líder e tentam agradá-lo.

COMO USAR

- Lembre-se de que o carisma está nos olhos de quem vê. Você não precisa ter carisma para que os outros achem que você tem.
- Seja honesto e avalie quanto carisma você acha que tem. Isso é difícil. É como finalmente perceber que você nunca jogará na seleção de futebol. Porém, a verdade é que você provavelmente não tem muito carisma nos termos que House ou Weber (*veja a Teoria 76*) usam. Mas isso não significa que não possa aplicar aspectos da teoria carismática.
- Identifique seus princípios, o que é difícil. O modo mais fácil de começar é perguntar: De quais questões eu estaria disposto a desistir? Quaisquer outros "princípios" são apenas posições que você adota até que se tornem inconvenientes e você as troca por outras.
- Aja como um modelo de conduta para o seu pessoal. Demonstre suas crenças, princípios e valores por meio de suas ações. Não dê sermão; ao contrário, demonstre bom humor, honestidade, imparcialidade, pontualidade, disposição para ouvir, trabalho árduo e lealdade com seu pessoal e eles o respeitarão.
- Siga a Regra de Ouro e "trate os outros como você gostaria de ser tratado". Com isso, você conquistará corações e mentes e a confiança do pessoal, dos colegas e dos gestores mais importantes. Agir com integridade não significa que você é um fracote. É sempre mais fácil seguir a correnteza do que defender seus princípios.
- A maioria das pessoas não tem autoconfiança (*veja a Teoria 11*). As pessoas precisam de alguém que acredite nelas. Faça isso e elas o admirarão e surpreenderão.

PERGUNTAS A FAZER

- Quem eu acho que é um líder carismático? Quais são as características que eles possuem e que eu admiro?
- Eu tenho essas mesmas características ou poderia desenvolvê-las?

TEORIA 20 A TEORIA DA LIDERANÇA TRANSFORMACIONAL (TL) DE BURNS

Use como um meio de energizar o seu pessoal, alinhando suas metas com as da organização.

James MacGregor Burns apresentou a teoria transformacional básica que, mais tarde, foi expandida por Bass (*veja a Teoria 21*) e Bennis e Nanus (*veja a Teoria 22*). Para entender a teoria desenvolvida e como usá-la leia a seguir.

Burns era um sociólogo político interessado em saber como os políticos atraíam e energizavam seus seguidores/eleitores. Ele identificou dois tipos de comportamento de liderança política. Políticos transacionais prometiam algo em troca do voto, por exemplo, redução de impostos (*veja a Teoria 17*). Políticos transformacionais apelavam para os desejos e necessidades de ordem mais alta dos eleitores, por exemplo, o slogan de Obama "Sim, nós podemos" (*veja a Teoria 23*).

A percepção fundamental de Burns era que:

> ... antes de poder apelar às necessidades de ordem superior das pessoas, um líder deve identificar e entender as crenças, os sonhos e as ambições dessas pessoas. Somente então poderá compor ou moldar sua mensagem de modo a apelar ao público e aos seguidores visados.

Burns enfatiza que os relacionamentos transformacionais genuínos não são baseados em exploração ou manipulação, mas em confiança e integridade, que aumentam o nível de motivação e moralidade de ambas as partes, e resultam em crescimento e desenvolvimento pessoal para todos os envolvidos.

Ele acreditava que a liderança transformacional podia ser usada com uma pessoa ou com milhares. A liderança transformacional trata do relacionamento entre líderes e seguidores de um modo que nenhuma outra teoria trata.

COMO USAR

- Se quiser usar a TL, comece determinando o que faz o seu pessoal atuar bem.
- Use MBWA *(veja a Teoria 10)*, reuniões de revisão de desempenho, reuniões de equipe, conversas diárias e observações informais do pessoal para desenvolver um quadro de seus interesses, personalidades, ambições e crenças.
- Identifique ambições, crenças, visões e carências comuns. Se você gerencia muitas pessoas, talvez tenha de usar amostragem para tentar entender e controlar tudo isso.
- Tão logo tenha entendido o que as pessoas desejam do trabalho, expresse sua mensagem de um modo claro e sem ambiguidades que permitirá que elas próprias façam a ligação entre o que você quer e suas carências/necessidades.
- Lembre-se do antigo mote do marketing, "a maioria das pessoas não sabe o que quer até que alguém lhes diga". Na qualidade de líder transformacional é isso que você tem de fazer: oferecer a seus seguidores algo que eles sempre quiseram, mas só reconheceram quando você o apresentou a eles.

PERGUNTAS A FAZER

- Se a minha organização usa TL, o que eu preciso fazer para alinhar as metas da minha equipe com a missão e os valores da organização?
- Se minha organização não usa TL, quais aspectos dessa teoria eu posso usar com a minha equipe?

TEORIA 21 BASS E A TEORIA DA LIDERANÇA TRANSFORMACIONAL (TL)

Use para identificar os valores e crenças que você precisa exibir para ser reconhecido como um líder transformacional.

Bernard Bass aproveitou o trabalho de Burns para desenvolver e expandir uma versão mais detalhada da teoria da liderança transformacional.

BASS IDENTIFICOU O QUE DENOMINOU 4iS:
Influência idealizada (*Idealised influence*) se refere ao carisma (*veja a Teoria 19*). Descreve um líder que parece ser especial, age como um modelo de conduta para os seguidores e possui fortes valores éticos e morais. Os seguidores aspiram ser como esses líderes e querem segui-lo.
Motivação inspiracional (Inspirational motivation) se refere ao modo como os líderes transformacionais estabelecem altos padrões e expectativas para seus seguidores, e demonstram absoluta confiança na capacidade que eles têm para cumprir ou ultrapassar as metas definidas.Demonstram confiança em seus seguidores para superar obstáculos e realizar "grandes feitos".
Estimulação intelectual (*Intellectual stimulation*) descreve como os líderes transformacionais incentivam seus seguidores a questionar não somente suas crenças e valores, mas também as do líder. Bass acredita que, por meio desse exame rigoroso e aberto, se descobrem oportunidades para crescimento pessoal, inovação e criatividade.
Consideração idealizada (*Idealised consideration*) se refere à capacidade dos líderes transformacionais para ouvir as necessidades e os problemas de seus seguidores, e agir como guia, mentor e treinador, com a finalidade de facilitar o caminho para a autorrealização (*veja a Teoria 23*).

COMO USAR

- A influência idealizada refere-se ao carisma (*veja a Teoria 19*). Independentemente do seu grau de carisma, você deve ser um modelo de bom comportamento e fortes valores éticos e morais para seus liderados. Faça o que diz. Trate todos com justiça e seja honesto nas transações com todos que entram em contato com você. Nunca sacrifique ninguém para progredir na sua carreira. Faça tudo isso e o pessoal o respeitará.
- Motive as pessoas (*veja a Parte 3*), estabelecendo altos padrões e mostrando que você tem fé na capacidade delas para enfrentar qualquer desafio. Todas precisam de alguém que acredite nelas. Se você demonstrar essa crença, elas se esforçarão para cumprir suas expectativas. Quando conseguirem, irão se lembrar de que foi você que acendeu o estopim.
- Estimulação intelectual é um conceito de difícil adoção para muitos líderes. Exige que você desafie suas próprias visões e crenças. Esteja disposto a aceitar boas ideias de onde quer que surjam e a aceitar críticas, quando o pessoal desafia as suas ideias e sugestões. Não fique na defensiva quando isso acontecer; ao contrário, reflita sobre o que foi dito e decida se as críticas são justificadas.
- Com a consideração idealizada voltamos ao que dissemos antes: você deve conhecer a equipe e satisfazer as necessidades de seus integrantes, e não apenas as suas próprias (*veja as Teorias 17 e 20*). Aja como guia, mentor e treinador com as pessoas e elas florescerão e crescerão para o benefício da organização.

PERGUNTAS A FAZER

- Como eu me sentirei se o pessoal desafiar minhas visões e ideias?
- Quais estratégias usarei para lidar com tais desafios?

TEORIA 22 A TEORIA DA LIDERANÇA TRANSFORMACIONAL (TL) DE BENNIS E NANUS

Use para desenvolver uma visão para a sua organização, baseada em valores e crenças, e não em jargão de gerenciamento.

Depois de entrevistarem vários líderes, Warren Bennis e Burt Nanus identificaram quatro estratégias que eles devem usar quando tentam transformar suas organizações, mostradas a seguir.

ESTRATÉGIA 1	Desenvolver uma visão clara e compreensível para a organização.
ESTRATÉGIA 2	Atuar como agentes sociais para a organização, alterando a cultura organizacional.
ESTRATÉGIA 3	Criar confiança em toda a organização, deixando explícitos seus valores e pontos de vista.
ESTRATÉGIA 4	Identificar seus pontos fortes e fracos, incentivando seus seguidores a fazer o mesmo.

COMO USAR

- Desenvolva uma clara visão para a sua equipe. Essa visão tem de ser simples, fácil de entender e valiosa e, a menos que você seja o CEO, deve estar alinhada com as metas e os objetivos globais da organização.
- Decida se a cultura organizacional existente (*veja a Parte 5*) apoia ou impede a realização da sua visão. Se a impedir e a sua visão estiver alinhada com a da organização, então você tem todo o direito de substituí-la por uma que reflita a visão da organização. Partir para tal mudança exige cuidadoso planejamento (*veja a Parte 6*).
- Crie um vínculo de confiança com as pessoas sob seu comando, esclarecendo seus valores, visões e posição, e defenda-as mesmo quando as coisas ficarem difíceis. Tal coerência de comportamento aumentará a confiança que elas têm em você, e facilitará consideravelmente a mudança da cultura organizacional.
- Líderes transformacionais conhecem suas forças e fraquezas. Não demonstram falsa modéstia nem orgulho, enfatizam suas forças as utilizam outros para compensar suas fraquezas. Você deve fazer o mesmo.
- Faça valer as suas forças e cerque-se de boas pessoas que sejam fortes nas áreas em que você é fraco. Não é sinal de fraqueza dizer "Não entendo". Idiota é quem finge entender e então revela sua ignorância a cada palavra que pronuncia. Exatamente como um executivo com quem eu trabalhei, que não sabia a diferença entre caixa e lucro.

PERGUNTAS A FAZER

- Qual é o apoio de que necessito para realizar mudança cultural e organizacional?
- Quais pessoas provavelmente tentarão bloquear a mudança cultural e organizacional e como lidar com elas?

UMA PALAVRA FINAL SOBRE TEORIAS DE LIDERANÇA

POR QUE HERSEY E BLANCHARD MERECEM COROA DE REI

Muitos teóricos criticam Hersey e Blanchard porque sua teoria não foi submetida a rigorosa pesquisa acadêmica. E daí? A teoria situacional já gerou milhares de líderes que têm um modo simples e eficaz de liderar pessoas. Os livros de Hersey e Blanchard são campeões de vendas no mundo inteiro e todo ano ocorrem milhares de eventos de treinamento baseados em sua teoria. A teoria já provou seu valor no mais difícil ambiente de pesquisa possível – o mercado. É fácil de entender, é fácil de usar e a nossa intuição nos diz que ela está correta. Use-a um pouco e veja o que acha.

Em qualquer situação de liderança há duas partes: o líder e seus seguidores. Quanto mais souber sobre si mesmo e seus seguidores, melhor líder você será. Sob muitos aspectos, é mais fácil cavar informações e percepções sobre seus seguidores; conhecer a nós mesmos é que é difícil. Nem mesmo sabemos como somos porque nunca vimos uma imagem tridimensional de nós mesmos, portanto não é nenhuma surpresa que saibamos ainda menos sobre a nossa personalidade e sobre como somos percebidos por outras pessoas. O único modo de ter uma ideia de como você realmente é, é perguntar aos outros. Use a Teoria das Janelas, de Johari, (*veja a Teoria 87*) para ajudá-lo a dar uma partida rápida no processo.

Todavia, vale a pena lembrar que, em gerenciamento, percepção é realidade. Na qualidade de líder, o modo como você é percebido por seguidores é mais importante que o modo como você se sente. Portanto, identifique como você quer ser percebido e, então, aja de acordo com isso. Quanto mais você fizer isso mais rapidamente se tornará o tipo de líder que quer ser.

Seu real estilo de liderança é determinado por seu comportamento, e o comportamento é sempre possível mudar. Mesmo hábitos arraigados podem ser mudados em aproximadamente seis semanas, de acordo com psicólogos clínicos. Em todo caso, identifique e use um estilo de gerenciamento específico padrão, mas continue flexível e lembre-se de que as circunstâncias mudam decisões/ações. Você é livre para adotar, a qualquer tempo, o estilo que lhe for mais adequado. Isso exigirá que você acesse e enfatize aspectos particulares do seu caráter para satisfazer as necessidades do trabalho. Usar toda a sua gama de habilidades não é o mesmo que ser insincero. Você pode não gostar de acessar o que tem de pior, mas essas características estão em você e, às vezes, serão exigidas.

Ao lidar com o pessoal, lembre-se sempre de que o benefício mútuo é a melhor base para um relacionamento contínuo do que ressentimentos e desgostos reprimidos. Em qualquer situação transacional comece com uma oferta razoável (transações construtivas) e somente recorra a sanções (transações coercivas) como último recurso.

Na posição de líder, nunca baseie os julgamentos que faz do seu pessoal na aparência, no gênero, na personalidade, no fato de você gostar ou não das pessoas ou de elas serem parentes de alguém na empresa. O único critério deve ser a qualidade do trabalho que elas fazem. Isso é particularmente importante se você adotar a teoria LMX (*veja a Teoria 18*). É claro que se uma pessoa executa um trabalho maravilhoso, mas sua personalidade leva os outros à beira da violência, você terá de fazer alguma coisa.

Se você for um gestor de nível médio e quiser usar liderança transformacional com sua equipe, terá de alinhar seus objetivos com as metas globais da organização. Se não fizer isso, sua batalha será dificílima e só poderá ter um vencedor.

A liderança transformacional se baseia em integridade. Não finja ser o que não é – você será desmascarado. Se demonstrar integridade, as pessoas serão atraídas, porque acham que podem confiar em você. O modo mais rápido e mais fácil de destruir a confiança que elas têm em você é ser hipócrita. Quantos políticos fizeram carreira apoiados em seus "valores de família" só para serem destruídos por revelações de adultério e manobras escusas? Portanto, nunca finja ser algo que não é.

Qualquer visão que você tenha para a sua equipe precisará ser simples, clara, significativa e explicável em uma sentença. Veja se consegue imitar a Nasa. Na década de 1960, uma Comissão do Congresso estava visitando a Nasa e um dos componentes perguntou a um zelador qual era sua tarefa. Sem hesitar ele respondeu "Levar um homem à Lua". Essa é uma visão bem-sucedida.

Todo líder precisa de certa dose de poder e influência para impulsionar as mudanças que quer implementar. Você deve estar disposto a usar toda a gama de recursos disponíveis para obter o controle da situação (*veja as Teorias 76, 77 e 78*). O modo mais rápido, mais fácil e mais legítimo de acessar o poder de que necessita é alinhar explicitamente as sua metas com os objetivos da organização. Desse modo, suas ações serão legítimas aos olhos do seu pessoal e também da hierarquia da organização. Por fim, na qualidade de líder, você deve lembrar-se sempre de que se nada defender, estará disposto a defender qualquer coisa.

PARTE 3

COMO MOTIVAR O SEU PESSOAL

PALAVRAS INICIAIS

Certa vez, Dwight D. Eisenhower descreveu liderança como "A arte de conseguir que alguém faça o que você quer porque ela quer fazê-lo". Já que estamos falando de generais norte-americanos, o que dizer das seguintes palavras de George Patton "Nunca diga às pessoas como fazer as coisas. Diga-lhes o que deve ser feito e elas o surpreenderão com o resultado". Os gestores entendem que as pessoas são motivadas por suas próprias necessidades, expectativas e interesses. Mas grandes gestores sabem que as pessoas também possuem valores predominantes que causam impacto à motivação que têm para fazer coisas. Aproveite esses valores e veja como o desempenho das pessoas ficará além das suas mais loucas expectativas.

Nesta seção eu examino as nove teorias da motivação. Todas são úteis ao gestor ocupado, mas algumas acabam sendo mal utilizadas. Já perdi a conta do número de escritores que ignoram o fato de que muitos modelos motivacionais foram baseados em pesquisas obtidas do estudo de funcionários brancos, do sexo masculino, da classe média dos Estados Unidos, no início da década de 1950. Se algo como a hierarquia de Maslow poderia ser bem aplicada a uma força de trabalho sem qualificações, predominantemente do sexo feminino na Grã-Bretanha do Século XXI é algo a discutir. Portanto, você terá de decidir a aplicabilidade de cada uma das teorias discutidas nesta seção, no contexto exclusivo do seu ambiente de trabalho.

Aqui são enfatizadas três abordagens abrangentes adotadas pelos autores que escreveram sobre motivação. São elas:

1. Motivação como uma força que satisfaz as necessidades das pessoas.
2. Teorias que examinam como o modo de tratar as pessoas as motiva ou desmotiva.
3. A importância da boa comunicação entre gestores e pessoal.

Há similaridades bem como algumas visões opostas expressas anteriormente. Depende de você decidir se a teoria da progressão de Maslow faz mais sentido que a teoria da adaptação de Alderfer ou se a fórmula da expectativa de Vroom é mais poderosa do que o modelo das características do trabalho de Hackman. Sejam quais forem as escolhas que você fizer, as teorias o ajudarão a se conectar com o pessoal em um nível significativo. Leia as teorias e pense em sua aplicação e, garanto, você conseguirá identificar todas as pessoas que conhece ou conhecerá dentro de uma ou mais das teorias.

Uma coisa que fica bem clara aqui é que palavras levam a ações. Portanto, sempre que tentar motivar alguém, pense cuidadosamente em sua mensagem e em como comunicá-la. Pense também em como a mensagem será recebida, interpretada e posta em ação por quem a recebe. É essa a resposta que você quer? Lembre-se de que, quase sempre, haverá uma enorme diferença entre a mensagem que você acha que enviou e a mensagem que a pessoa recebeu.

TEORIA 23 A TEORIA DA HIERARQUIA DE NECESSIDADES DE MASLOW

Use como uma teoria geral abrangente, que explica as motivações que uma pessoa tem em sua vida inteira, muitas das quais não serão satisfeitas no mundo do trabalho.

A pirâmide de Abraham Maslow representa uma hierarquia de necessidades que devem ser satisfeitas em ordem sequencial de baixo para cima. Ele sugere que deixar de satisfazer uma necessidade em qualquer nível impedirá a progressão para o nível seguinte.

As necessidades podem ser divididas em duas categorias. As necessidades básicas incluem as biológicas e as de segurança. As necessidades de crescimento incluem afiliação, estima e autorrealização. Maslow argumenta que as pessoas morrem se suas necessidades básicas não forem satisfeitas e sentem-se inferiores e insatisfeitas se suas necessidades de afiliação e estima não forem satisfeitas, bem como se não puderem alcançar a autorrealização.

Os gestores têm a responsabilidade de assegurar que as necessidades básicas de um funcionário sejam satisfeitas e de criar um clima no qual os funcionários possam se desenvolver.

COMO USAR

- Assegure-se de que as necessidades básicas da sua equipe sejam satisfeitas. Entre elas, figuram alimento, água, calor, descanso e abrigo. Isso corresponde a um ambiente de trabalho seguro, livre de danos físicos e psicológicos. Aquecimento, iluminação e ventilação devem estar de acordo com padrões exigidos e você deve comparar regularmente as condições e os salários oferecidos com os que seus concorrentes estão oferecendo (*veja a Teoria 74*).
- Uma vez satisfeitas as necessidades básicas, comece a dedicar-se a satisfazer algumas das necessidades de nível mais alto. Incentive a interação social e o espírito de equipe. Algumas organizações instituem a sexta-feira informal como um meio de incentivar menos formalidade e mais interação.
- Agora, as pessoas sentem-se felizes e contentes com a vida na sua organização. Elas são membros bem pagos de uma família que tem uma boa percepção de segurança e pertencimento. Aproveite isso para desenvolver oportunidades de trabalho de equipe (*veja a Parte 4*).
- Desenvolva e aprimore a autoestima da sua equipe, projetando tarefas desafiadoras. Dê-lhe feedback positivo e a elogie regularmente. Delegue responsabilidade e ofereça oportunidades de treinamento para desenvolvimento. Agora, o contentamento se torna animação porque as pessoas começam a sentir-se valorizadas.
- A pirâmide está quase completa, mas dar-lhe o toque final pode estar além das possibilidades até mesmo do melhor gerente. A maioria das pessoas não procura autorrealização no trabalho. As pessoas a encontram em outros lugares. Todavia, você pode criar condições para a satisfação pessoal propondo desafios para todos, incentivando a criatividade e removendo quaisquer obstáculos que poderiam bloquear o progresso de uma pessoa.

PERGUNTAS A FAZER

- Quais são minhas ambições na vida?
- O que eu considero autorrealização?

TEORIA 24 A TEORIA DA EXISTÊNCIA, DO RELACIONAMENTO E DO CRESCIMENTO (ERC) DE ALDERFER

Use quando um membro da sua equipe regrediu a um nível inferior de desenvolvimento/motivação e você precisa deter e reverter o declínio.

Clayton Alderfer resumiu fatores da motivação humana em três categorias, em vez das cinco que Maslow usou. Ele as denominou existência, relacionamento e crescimento.

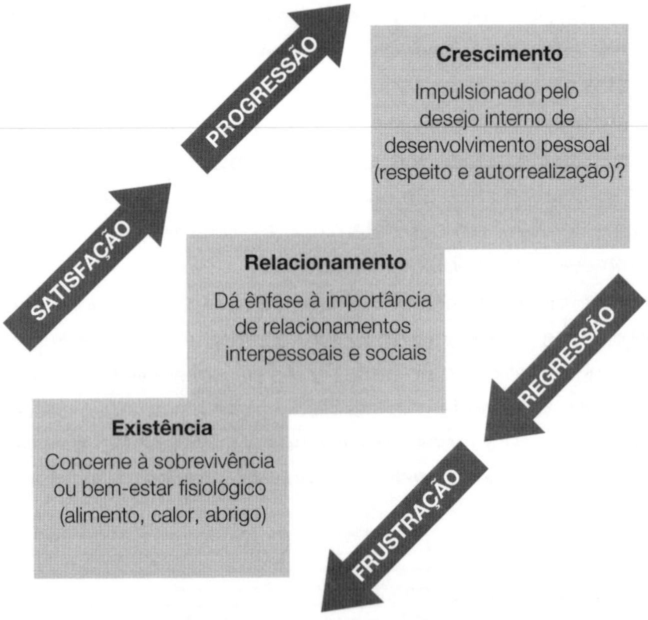

Alderfer sustenta que, embora haja uma progressão que parte da existência e chega ao crescimento, todas as três necessidades podem estar funcionando como motivadores ao mesmo tempo e não é incomum que as pessoas regridam a um conjunto de necessidades de nível mais baixo.

COMO USAR

- Compare as necessidades de existência, relacionamento e crescimento de Alderfer com a hierarquia de Maslow (*veja a Teoria 23*) e verá que elas são quase idênticas. A diferença é que Alderfer sugere que você deve abordar todos os três conjuntos de necessidades simultaneamente. Focalizar apenas uma por vez irá gerar descontentamento.
- Frustração por não terem conseguido satisfazer todas as necessidades pode fazer que as pessoas regridam aos níveis mais baixos. Por exemplo, se você não conseguir satisfazer as necessidades de desenvolvimento pessoal dos membros da equipe, eles podem regredir às necessidades de relacionamento, por exemplo, dependência da socialização com colegas de trabalho ou questionar se a remuneração e as condições de trabalho são aceitáveis.
- Se alguma pessoa começar a regredir (demonstrar desinteresse pelo trabalho, passar a faltar frequentemente ou a desobedecer aos horários, por exemplo) interrompa o declínio e impeça que ela regrida ainda mais. Converse com ela e identifique, com a maior precisão possível, qual é o problema. Use a teoria de Berne (*veja a Teoria 31*) e PNL (*veja a Teoria 84*) para garantir trocas de boa qualidade e tentar estabilizar a posição.
- Uma vez identificado o problema corretamente, converse com a pessoa e obtenha sua concordância quanto a um plano de ação. Isso provavelmente exigirá que ambos façam alguma coisa.
- Nunca deixe de cumprir o que prometeu e verifique periodicamente se ela está cumprindo as metas estabelecidas.
- Haverá ocasiões em que você não poderá impedir que as pessoas regridam. Nesses casos, tente entender por que regrediram e converse com elas, tentando abordar quaisquer frustrações que elas tenham até que consigam crescer novamente.

PERGUNTAS A FAZER

- Eu alcancei um patamar em termos do meu próprio desenvolvimento e motivação pessoais?
- Se a resposta for positiva, o que devo fazer?

TEORIA 25 A TEORIA DA REALIZAÇÃO E NECESSIDADES ADQUIRIDAS DE McCLELLAND

Use para entender as três necessidades predominantes dos componentes da sua equipe.

David McClelland propôs a teoria de que as pessoas são motivadas por uma de três necessidades: a necessidade de realização, de poder ou de afiliação. Ele argumentou que a motivação e efetividade de uma pessoa em uma função específica de trabalho seria influenciada por uma dessas necessidades.

A TEORIA DA REALIZAÇÃO E NECESSIDADES ADQUIRIDAS DE McCLELLAND PODE SER RESUMIDA COMO:

Realização (N-Realização): a pessoa N-Realização (N-Ach) busca realização, cumprimento de metas realistas, porém desafiadoras, reconhecimento por uma tarefa bem realizada e progresso.

Poder (N-Poder): a pessoa N-Poder (N-Pow) tem um forte desejo de motivar ou liderar as outras. Isso pode tomar a forma de poder personalizado que pode envolver a busca de progresso à custa de outras pessoas (*veja a Teoria 77*).

Afiliação (N-Afiliação): a pessoa N-Afiliação (N-Affil) tem necessidade de manter relações amigáveis e interações com outras, e busca a aceitação delas.

Embora o impulso de satisfazer uma das necessidades seja dominante, os indivíduos também precisam satisfazer elementos das outras duas.

COMO USAR

- Não há nenhum questionário para ajudá-lo aqui. Você terá de conversar com cada pessoa individualmente sobre o que elas querem do seu próprio trabalho e o que acham que podem contribuir para a organização. Seja amigável na reunião, mas não tenha medo de fazer perguntas diretas e desafiadoras.
- Tomando como base as informações colhidas, identifique qual das três necessidades de McClelland predomina em cada pessoa e desenvolva uma estratégia para lidar com ela.
- Indivíduos que têm necessidade de realização (N-Ach) prosperarão quando você lhes der responsabilidade pessoal. Porém eles têm medo de fracassar e talvez só estejam preparados para aceitar riscos moderados. Dê-lhes apoio e feedback regular, mas interfira se começarem a exigir demais dos outros membros da equipe que não são tão focados em tarefa quanto eles (*veja as Teorias 7, 12 e 13*).
- Indivíduos que têm necessidade de poder (N-Pow) possuem elevada ética de trabalho e um compromisso com a organização e com seu trabalho. O que é ótimo. Todavia, muitas pessoas que buscam poder personalizado não têm a flexibilidade e as habilidades de tratar com pessoas, exigidas para trabalhar bem com os outros. Dê-lhes projetos nos quais possam trabalhar sozinhas e mantenha a vigilância. Interfira se seu comportamento tornar-se demasiadamente impositivo (*veja as Teorias 30, 31 e 83*).
- ndivíduos que têm necessidade de afiliação (N-Affil) são um tesouro para trabalhar até que a fixação na manutenção de boas relações sociais prejudique a capacidade de executar suas tarefas. Aproveite seus pontos fortes. Insista para que eles executem suas tarefas, mas dê-lhes tempo para agir como mediadores em disputas de menor importância, entre membros da equipe, e organizar as atividades sociais para a equipe (*veja a Teoria 32*).

PERGUNTAS A FAZER

- Em qual estereótipo eu e os membros de minha equipe nos enquadramos?
- Eu preciso mudar meu comportamento ou o do meu pessoal?

TEORIA 26 A TEORIA DA MOTIVAÇÃO E HIGIENE DE HERZBERG

Use para distinguir entre os fatores que verdadeiramente motivam o pessoal dos que simplesmente os desmotivam se caírem abaixo de níveis aceitáveis.

Frederick Herzberg identificou dois grupos de fatores. Fatores motivacionais, que criam satisfação, e fatores de higiene, que não proporcionam satisfação, mas podem ser uma fonte de insatisfação se caírem abaixo de níveis aceitáveis.

Os fatores mais importantes são:

Fatores de higiene	*Fatores de motivação*
Remuneração, políticas da empresa, relações com superiores, condições de trabalho, sentimentos associados a falta de status ou segurança.	Reconhecimento, realização, progresso, natureza do trabalho a realizar, responsabilidade
Se esses fatores caírem abaixo de certo nível, a insatisfação se instala	Se esses fatores não estiverem presentes o pessoal sentir-se-á desmotivado

Herzberg usa o termo KITAs (acrônimo de *kicks in the ass*, literalmente, "chutes no traseiro") quando se refere a algumas das estratégias ineficazes usadas por gestores para motivar o pessoal.

ELES SÃO:

KITAs físicos negativos são literalmente chutes no traseiro e incluem feedback crítico ou uma bela bronca.

KITAs psicológicos negativos incluem jogos emocionais e manipulação psicológica.

KITAs positivos incluem bônus, aumentos de salário e benefícios. Todavia, ele argumenta que, independentemente do grau de generosidade dos KITAs positivos, por si próprios eles não gerarão motivação positiva. Porém, se caírem abaixo de um nível aceitável, causarão ressentimento e desmotivação.

COMO USAR

- Comece reconhecendo que a maioria das pessoas não é motivada exclusivamente pela remuneração e pelas condições de trabalho.
- Transforme o trabalho das pessoas em algo interessante. Redistribua as tarefas mais banais entre membros da equipe e ressalte a importância da tarefa de cada um para o desempenho global da equipe.
- Dê a cada membro do pessoal os recursos e treinamentos necessários de que precisam para executar seu trabalho eficientemente. Responsabilize-os pela qualidade do trabalho e dê-lhes autonomia para executá-lo. Se você fizer isso, eles considerarão o trabalho como sua responsabilidade e não como algo que apenas fazem para o chefe.
- Estabeleça metas desafiadoras, porém realistas, que, quando atingidas, darão ao pessoal um sentimento de realização. Reconheça tais realizações publicamente. Só o fato de você dizer "obrigado" ou "muito bem" em público já fará maravilhas para a moral e a produtividade.
- Proporcione oportunidades de progresso e desenvolvimento pessoal para toda a equipe. Promova o próprio pessoal da sua equipe sempre que possível, mas lembre-se de que oferecer um novo desafio ou um trabalho mais interessante pode proporcionar mais motivação do que um aumento de salário ou promoção.
- Embora fatores como remuneração e condições de trabalho não sejam motivacionais, se caírem abaixo de certo nível podem ser sérios desmotivadores. Considere os padrões de remuneração e condições de trabalho de grupos semelhantes em sua organização e em organizações concorrentes e garanta a equivalência.
- Mantenha boas comunicações com o pessoal e adote suas boas ideias. Mas assegure-se de que as pessoas recebam total reconhecimento por tais sugestões (*veja a Teoria 8*).
- Não tenha medo de usar KITAs físicos negativos. Dar uma bela bronca em um membro do pessoal frequentemente provocará a reação "Ok, agora vou mostrar quem sou a esse chato". Que é exatamente a resposta que você quer.

PERGUNTAS A FAZER

- Entendo que o que me motiva também motiva o meu pessoal?
- Agradeço e/ou elogio o sucesso do meu pessoal?

TEORIA 27 A TEORIA DA EQUIDADE DE ADAMS

Use para entender como as pessoas agem quando percebem que são tratadas de modo diferente de outro membro da equipe.

A teoria da equidade de Stacy Adams é baseada no princípio de que as pessoas são motivadas a agir em situações nas quais percebem que foram tratadas com desigualdade ou injustiça. Adams argumenta que, quanto mais intensa for a desigualdade percebida, mais alta será a tensão, e mais forte a motivação para agir.

A figura a seguir descreve as percepções de duas pessoas diferentes. A Pessoa A, que acha que merece ser tratada melhor que a Pessoa B. E a Pessoa B, que tem sentimento de culpa por não trabalhar tão arduamente quanto a Pessoa A.

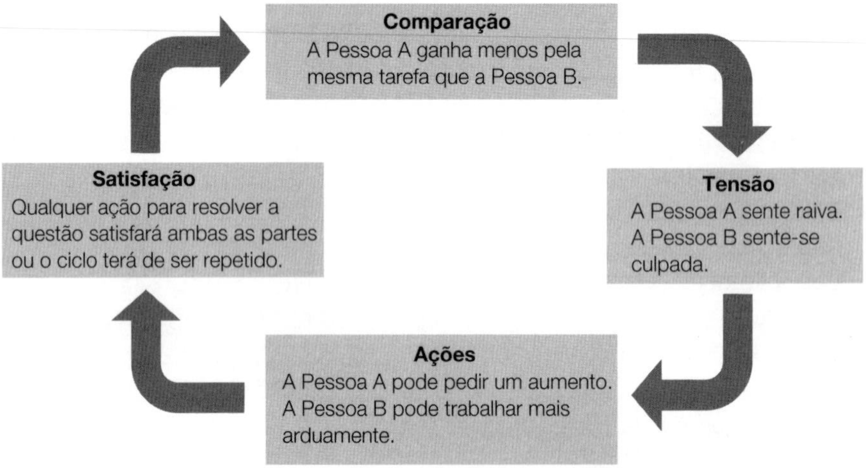

Se não ocorrer nenhuma ação ou se ambas as ações ocorrerem (por exemplo, A obtém um aumento e B trabalha mais arduamente, simplesmente substituindo o foco da tensão), haverá um empate.

Funcionários que percebem desigualdade procurarão confrontá-la, reduzindo seu nível de esforço, aumentando sua remuneração ou saindo da organização.

COMO USAR

- Procure sinais de descontentamento, entre eles, mau humor, comportamento passivo ou agressivo, tensões entre dois ou mais membros do pessoal, comentários maliciosos durante reuniões ou conversas e "murmúrios desairosos" em geral.
- Aceite que qualquer sentimento de desigualdade surge da percepção que a pessoa tem da injustiça com que foi tratada. Tais percepções raramente são baseadas em fatos, mas comandadas por emoções.
- Aceite que a extensão da desmotivação é proporcional ao grau de disparidade percebida no tratamento. Você constatará que algumas pessoas sentem uma enorme percepção de injustiça à menor indicação de desigualdade.
- Reconheça que você está lidando com emoções e que elas nunca são lógicas. Dizer a alguém que ele ou ela está errado nem sempre dará resultado.
- Marque uma reunião com a pessoa em questão. Dê-lhe tempo suficiente, porque nada será resolvido nem esquecido em dez minutos. Deixe que cada um conte sua história e desabafe, sem interrupção. Isso por si só já baixará a temperatura.
- Muitas pessoas têm percepções errôneas sobre o que é equitativo. Algumas têm delírios de adequação e uma visão desproporcional de sua importância para a organização. Se elas não forem tão indispensáveis como acham que são, você terá de lhes dizer isso. Elas não gostarão, mas você terá de confrontá-las com a realidade da situação. Não com o que elas acham que é (*veja a Teoria 83*).
- Se você descobrir que existe desigualdade, trate disso. E, ao mesmo tempo, verifique se a contenda não é apenas um sintoma de um problema mais amplo na organização.

PERGUNTAS A FAZER

- Qual é exatamente o problema que estou enfrentando?
- É um problema de reconhecimento disfarçado de questões sobre remuneração ou condições?

TEORIA 28 A TEORIA DA EXPECTATIVA DE VROOM

Use para entender por que as pessoas reagem a certos pedidos ou promessas de trabalho, do modo como reagem.

Victor Vroom sugeriu que um indivíduo se comportará de certo modo, com basea na crença (expectativa) de que um ato específico será seguido de uma recompensa desejada (valência) uma vez concluído (instrumentalidade).

Ele expressou sua teoria de motivação da expectativa em termos de uma fórmula matemática: Motivação + Valência × Expectativa × Instrumentalidade. Se qualquer um desses três fatores for igual a zero, a pontuação geral será zero, e a motivação também será zero.

O modelo pressupõe a possibilidade de os gestores darem notas a esses três fatores, quando na realidade eles são subjetivos e incrivelmente difíceis de avaliar em nós mesmos, quem dirá em outras pessoas.

COMO USAR

- Não descarte a teoria de Vroom só porque as pessoas não atribuem notas conscientemente a conceitos como valência, expectativa e instrumentalidade e, se o fizerem, como você na qualidade de gestor poderia adivinhar quais são? As pessoas podem não usar o jargão ou identificar e pesar conscientemente os fatores nos termos que Vroom descreve, mas com certeza pensam em termos de: O que eu quero? Qual é a probabilidade de conseguir o que quero? A organização cumprirá suas promessas?
- Portanto, esqueça as notas. Em vez disso, descubra o que os seus funcionários querem da tarefa que executam e dê-lhes trabalhos que lhes sejam economicamente benéficos e/ou intrinsecamente motivadores. Isso terá o efeito de criar as recompensas que eles realmente querem (*veja a Teoria 26*).
- Se a expectativa diz respeito a esforço e resultados, crie um ambiente no qual o esforço é incentivado, bem como recompensado e os funcionários têm acesso aos recursos, equipamentos e materiais de que necessitam para obter resultados.
- Fortaleça o elo da instrumentalidade na cadeia cumprindo suas promessas e distanciando-se dos que não as cumprem.
- Não adianta nada ser bom em dois de três desses fatores porque, como Vroom mostrou, não conseguir concretizar um deles resulta em motivação zero.

PERGUNTAS A FAZER

- A qual fator (se houver algum) eu e meu pessoal damos nota zero – valência, expectativa ou instrumentalidade?
- Ainda que não haja nenhuma nota zero, o que eu posso fazer para mostrar ao pessoal que o bom trabalho é reconhecido e recompensado?

TEORIA 29 O MODELO DA CARACTERÍSTICA DO TRABALHO DE HACKMAN E OLDHAM

Use para lembrar que autonomia e feedback são poderosos fatores motivacionais, nada custam, e devem estar embutidos no planejamento de cada trabalho/tarefa.

A teoria de Richard Hackman e Greg Oldham é baseada no princípio de que os funcionários obtêm motivação da conclusão de cada tarefa.

Eles sugerem que altos níveis de motivação ocorrem como resultado de estados psicológicos críticos.

ESSES ESTADOS SÃO:
Significância: o funcionário deve considerar que a tarefa é significativa.
Responsabilidade: o funcionário deve ter suficiente discernimento para planejar e executar a tarefa como acha que deve.
Feedback: o funcionário deve estar consciente da eficácia que deve ter.

Hackman e Oldham afirmam que a satisfação em cada um desses estados pode ser resultado de um planejamento eficaz de tarefa.

COMO USAR

- Reconheça que algumas tarefas *são* aborrecidas e monótonas! Então faça algo para aliviar o tédio e prover significado.
- Tanto quanto possível assegure que um funcionário possa trabalhar em uma tarefa desde o início até o fim e ver um produto final observável. Mostre a ele a importância de seu trabalho e como seu esforço afeta o trabalho de outras pessoas na organização e o cliente final (*veja a Teoria 1*). Durante a Segunda Guerra Mundial, as mulheres que empacotavam paraquedas encontravam-se periodicamente com equipes de aviadores. Isso reduzia significativamente o número de paraquedas que não abriam!
- Incentive o pessoal a usar uma variedade de capacidades e habilidades para concluir a tarefa. Dê-lhes a liberdade de escolher seus próprios métodos de trabalho e controle os recursos de que necessitam para concluir a tarefa.
- Dê feedback periódico a cada um, bem como informações diretas e claras sobre a qualidade de seu desempenho em estágios críticos da tarefa.
- Use rodízio de tarefas na equipe para evitar que percam o viço da novidade. O pessoal entenderá melhor a contribuição que cada membro da equipe dá ao resultado final.
- Se a rotação de tarefas não funcionar, desafie os indivíduos a elaborar um modo mais interessante de executá-las. Se eles apresentarem um novo projeto eficiente, deixe-os tentar. E daí, se o experimento falhar? Ao menos, você os ouviu (*veja a Teoria 4*).

PERGUNTAS A FAZER

- Quanta autonomia e variedade devo oferecer ao pessoal?
- Quanto feedback devo dar ao pessoal?

TEORIA 30 O MODELO DO OK CORRAL[1] DE ERNST

Use para entender como o que você sente sobre si mesmo e sobre os outros afeta o seu trabalho.

Franklyn Ernst sugeriu que o modo como nos vemos e como vemos os outros com quem interagimos influencia nossas atitudes e estados emocionais e, por consequência, nosso comportamento. Ele representou essa teoria sob a forma de uma matriz 2 × 2, na qual um eixo representa o nível de valor de outros (Eu estou Ok com você) e o outro representa o nosso próprio valor (Eu estou Ok comigo).

AS CARACTERÍSTICAS DOS QUATRO QUADRANTES SÃO:
Eu estou Ok – Você não está Ok: essa situação é caracterizada pela raiva e por você tentar coagir a outra pessoa e/ou passar por cima dela.
Eu não estou Ok – Você está Ok: situação caracterizada por seus sentimentos de medo e falta de valor e uma disposição para permitir que a outra pessoa consiga o que quer.
Eu estou Ok – Você está Ok: essa é a situação feliz e harmoniosa, caracterizada por relacionamentos construtivos e cooperativos.
Eu não estou Ok – Você não está Ok: esse é um lugar horrível para estar e você precisa sair dele antes de cair em depressão e autoaversão.

A teoria de Ernst pode ser usada para desafiar os antigos sistemas de crenças das pessoas e substituí-los por pensamentos mais construtivos sobre o que eles sentem sobre si mesmos e sobre os outros.

[1] O Tiroteio no Ok Corral (Curral Ok) ocorreu às 3 horas da manhã de 26 de outubro de 1881, em Tombstone, Arizona, e é considerado o mais famoso tiroteio na história do Velho Oeste americano. Envolveu os foras da lei Billy Clanton, Tom e Frank McLaury e o Xerife da cidade, Virgil Earp, e seus irmãos, Morgan e Wyatt Earp, auxiliados por Doc Holliday (N.T.).

COMO USAR

- Identifique em que lugar do modelo você está. Seja honesto.
- Identifique seus sentimentos em relação à outra pessoa e localize sua opinião na grade.
- Reconheça que o lugar em que você está no modelo e o que você sente sobre si mesmo e sobre a outra pessoa pode mudar de um dia para o outro.
- Se você não estiver Ok com a pessoa, precisará mudar sua perspectiva. Identifique por que você sente o que sente. Frequentemente, isso nada terá a ver com questões de trabalho. Você talvez sinta ciúme da pessoa, tenha medo dela ou ache que ela está desperdiçando o talento que tem. Você tem de deixar de lado tais sentimentos e aceitar a pessoa como ela é: um ser humano imperfeito.
- Muito mais problemático é se você não estiver Ok consigo mesmo. Você também é um ser humano imperfeito – portanto, dê um tempo e pare de definir padrões inalcançáveis para si mesmo.
- Ninguém sabe se as pessoas nascem com falta de autoestima ou se tal autoestima lhes foi tirada pela vida. O que fica claro é que profecias autorrealizáveis desempenham um papel na destruição da crença em si mesmo. Diga a alguém "você é burro" e, adivinhe só o que acontece? Diga a si mesmo "Eu sou burro" e as implicações ficarão ainda mais claras. Toda vez que você se vir pensando assim, enfrente tal pensamento.
- Substitua o pensamento negativo por diálogos internos positivos. Imagine cenários sociais e relacionados ao trabalho nos quais você sai vencedor e substitua a expressão "Não posso" por "posso" ou "por que não?" (*veja as Teorias 11 e 84*).
- À medida que a percepção que você tem do seu próprio valor aumentar, o valor que você dá às outras pessoas também aumentará.

PERGUNTAS A FAZER

- Quem foi mesmo que disse que eu não presto para nada? Meus pais, um professor ou meu chefe?
- Que poder eles possuem sobre mim hoje? Provavelmente nenhum. Então por que eu sou afetado pelo que eles disseram?

TEORIA 31 A TEORIA DA ANÁLISE TRANSACIONAL DE BERNE (COROA DE REI)

Use para se tornar um comunicador mais eficaz.

A teoria da análise transacional descreve o estado mental de uma pessoa quando dá ou recebe uma mensagem. O modo como gestores se comunicam com o pessoal tem um efeito significativo sobre o modo como o pessoal recebe, interpreta e age em relação à mensagem transmitida. Berne identificou cinco padrões de comportamento, ou estados de ego, que as pessoas usam quando se comunicam.

AS CARACTERÍSTICAS DE CADA ESTADO DE EGO SÃO:
O estado do pai crítico: a pessoa é dominadora e diz às outras o que fazer.
O estado do pai provedor: a pessoa expressa preocupação com os sentimentos das outras, mas gosta de dizer o que fazer, à guisa de dar conselhos.
O estado da criança livre: a pessoa expressa suas emoções, sem constrangimento.
O estado da criança adaptativa: a pessoa não tem confiança e está ansiosa por agradar.
O estado do ego adulto: a pessoa age com maturidade e avalia a situação com calma e racionalidade.

Embora comportar-se no estado de ego adulto seja a abordagem mais eficaz, Berne sugere que há ocasiões em que os gestores podem precisar adotar o estado de ego do pai ou até da criança para motivar os funcionários.

COMO USAR

- Reconheça que você tem a capacidade de adotar qualquer estado de ego.
- Para usar a análise transacional identifique em qual estado de ego o seu pessoal está, e adote o estado de ego mais eficaz para lidar com as pessoas.
- Se você e o pessoal estiverem em um estado de ego do pai, então é provável que haverá atrito, já que ambos tentarão impor suas próprias regras ao outro.
- Se você e o pessoal estiverem em um estado de ego da criança, pode ser que tudo seja divertido, mas nada será realizado porque você estará demasiadamente ocupado chupando o dedo e jogando seus ursinhos de pelúcia para fora do berço.
- Se você estiver no estado de ego do pai e a outra pessoa estiver no estado de ego da criança e vice-versa, então o resultado será satisfatório ao menos para um dos lados, mas não durará muito.
- O estado ideal desejado é quando ambos, você e o pessoal, estão no estado de ego do adulto.
- Para sair de estados de ego do pai ou da criança, faça perguntas como: O que podemos fazer a respeito disso? Como posso lhe dar apoio para você fazer o que tem de ser feito? Como podemos resolver isso? O que você sugere para seguirmos em frente? Se você seguir esse processo simples, sua capacidade de gerenciar e motivar o pessoal melhorará significativamente. Não custa tentar.

PERGUNTAS A FAZER

- Qual é o meu estado normal? É um estado produtivo? Se não for, como posso mudá-lo?
- O que me faria mudar de estado? Palavras, ações ou eventos?

UMA PALAVRA FINAL SOBRE TEORIAS MOTIVACIONAIS

POR QUE A TEORIA DE BERNE RECEBEU A COROA DE REI

A teoria de Berne sugere que comunicação envolve um conjunto de transações ocultas. Foi considerada demasiadamente radical na época em que foi publicada na década de 1960 e só começou a ser usada realmente por gestores a partir da década de 1990.

Escolhemos essa teoria porque ela enfatiza que o modo como falamos com as pessoas causa um impacto maior sobre seus níveis de motivação do que coisas como remuneração e condições de trabalho. Se gerenciamento diz respeito a relacionamentos, então é essencial que você se comunique de uma maneira respeitosa e adulta com o seu pessoal e o guie até a posição na qual as pessoas também se comunicarão com você desse mesmo modo.

É claro que você e o seu pessoal discordarão em muitas questões, mas não piore as coisas adotando o estado de ego errado.

Segundo Maslow, a progressão até a realização pessoal depende de uma base estável na qual as necessidades de nível mais baixo devem ser satisfeitas antes de se poder abordar as necessidades de nível mais alto. À medida que conhecer melhor as pessoas, você identificará o que elas querem do trabalho. Todavia, é pura besteira pressupor que todos conseguirão realização pessoal no trabalho. A maioria ficará mais do que feliz de receber o salário e procurar satisfação longe do local de trabalho no esporte, na dança, na vida em família, no jogo de xadrez ou no trabalho em instituições beneficentes locais. Isso não quer dizer que o trabalho não pode satisfazer muitas de suas necessidades. Todos querem sentir que seu trabalho é significativo, que executam bem suas tarefas, que seus colegas os respeitam e que fazem parte de uma equipe. É nessas necessidades que você tem de se concentrar. Aumento de salário e melhoria nas condições de trabalho por si sós não motivarão o pessoal. Todavia, se tais fatores de higiene caírem abaixo de padrões aceitáveis, o descontentamento e a desmotivação se espalharão rapidamente por toda a equipe.

Seja qual for o nível de satisfação que as pessoas desejem alcançar no trabalho, nunca subestime a importância de permitir autonomia e dar feedback como ferramentas motivacionais. Até mesmo a tarefa mais corriqueira pode ser compensadora se quem a desempenha puder exercer um nível de controle razoável sobre o modo de execução. Isso mais feedback periódico farão que muitos se sintam perfeitamente felizes por se dedicarem a seu trabalho e por monitorarem seu próprio desempenho.

Para manter feliz uma força de trabalho, fique atento a quaisquer sinais de que um membro da equipe guarda ressentimento em relação ao tratamento que lhe é dado. Se você perceber sinais de mau humor, falta de cooperação ou trabalho ruim, descubra o que está provocando o sentimento de injustiça, e tome providências imediatas. Se a sua reação for lenta, o problema se deteriorará, crescerá e contaminará outras pessoas.

De tempos em tempos as pessoas podem regredir do estado em que estão a um nível mais baixo de dedicação ao trabalho. É possível que as causas sejam mudanças em sua vida/ou novas prioridades ou eventos no trabalho. Deixe que elas regridam temporariamente se precisarem, mas não permita que permaneçam nesse estado indefinidamente. Trabalhe com elas e tente resolver ou chegar a algum acordo em relação a quaisquer problemas que estejam causando impacto em seu nível de motivação e incentive-as a ir em frente o mais rapidamente possível. Isso é importante porque, na qualidade de gerente, você precisa que todos os funcionários contribuam totalmente para os objetivos da equipe.

Para ajudar qualquer membro do pessoal a entrar na linha novamente, você terá de usar a mistura certa de incentivo, comando, controle e apoio. É aí que a teoria de Berne se revela. Se você identificar em qual estado de ego eles estão, poderá usar as perguntas: O quê? Por quê? Quando? Como? para guiá-los até o estado de ego adulto–adulto quando, então, as questões podem ser discutidas e resolvidas em uma atmosfera de respeito mútuo.

Seja qual for a abordagem que você adotar com o pessoal, lembre-se de que motivação significa combinar recompensa com esforço e realização. Para manter o pessoal motivado você tem de cumprir suas promessas. Se não as cumprir, qualquer chance que você tenha de motivar o pessoal desaparecerá mais rapidamente do que a geada matutina no Deserto do Saara.

Por fim, não se esqueça de motivar a si mesmo. Use diálogo interno e visualizações positivas para melhorar sua confiança/crença em si mesmo e celebrar seu próprio sucesso do modo que achar mais gratificante.

PARTE 4

COMO MONTAR E GERENCIAR EQUIPES

PALAVRAS INICIAIS

Antes de começarmos a falar sobre equipes, quero deixar uma coisa bem clara. Montar e gerenciar equipes é difícil e, às vezes, até mesmo os melhores gestores podem errar.

Na Final da Copa do Mundo de Futebol de 1966, Alf Ramsey tomou a impopular decisão de não escalar seu melhor atacante para a final contra a Alemanha Ocidental e escolheu Geoff Hurst, cujo estilo se adequava mais ao plano de sua equipe. Geoff marcou o que é, até hoje, o único *hat-trick* (três gols em sequência no mesmo jogo, marcados pelo mesmo jogador) em uma final de Copa do Mundo, e a Inglaterra tornou-se campeã mundial. Porém, quatro anos depois, no México, Sir Alf tomou a catastrófica decisão de substituir Bobby Charlton quando a Inglaterra ganhava da Alemanha Ocidental por dois gols na quarta de final e acabou perdendo por 3×2. Se isso pode acontecer com Alf Ramsey, no ápice de sua carreira, pode acontecer com você. Se acontecer, não seja muito duro consigo mesmo. Aprenda com seus erros e siga em frente. Afinal, provavelmente ninguém ainda falará da sua trapalhada daqui a 40 anos.

Para ter uma razão para trabalhar como membro de uma equipe, as pessoas precisam de uma finalidade comum e de um senso de identidade. Coloque um grupo de pessoas dentro de um elevador e elas pensarão e agirão como indivíduos. Crie uma situação de crise como algum defeito na cabine ou um incêndio no poço do elevador e a necessidade de sobreviver se torna um propósito comum. Instintivamente, cada um assume um papel que acha que ajudará o grupo a sobreviver, por exemplo, tático, consolador, resolvedor de problemas etc.

Nesta parte, eu examino os papéis que as pessoas desempenham em equipes e os fatores que podem afetar sua capacidade de atuar com eficácia. Consideramos também o papel que os gestores desempenham na promoção de um trabalho em equipe eficaz.

Charles Handy, o guru britânico do gerenciamento, conta que, certa vez, ao dirigir-se a um grupo de formandos universitários, descreveu equipes ineficazes como um time de oito remadores que remavam de costas, sem falar uns com os outros, guiados por alguém que era muito pequeno para ver aonde eles estavam indo. Ele admitiu que foi muito criticado por um remador presente na palestra que afirmou que, ao contrário, esse era um bom exemplo de equipe perfeita, porque os remadores jamais teriam a confiança de remar com tanta força sem nada falar nem ver, se não tivessem plena confiança uns nos o utros e na pessoa que guiava o barco. Eu gosto de Handy, mas nessa instância, acho que os remadores ganharam dele por uma proa. Deixarei para Henry Ford, o magnata norte-americano do automóvel, resumir do que se trata esta seção. Ele descreveu formação de equipe como "Reunir-se é um começo; permanecer juntos é um processo; trabalhar juntos é sucesso".

TEORIA 32 OS PAPÉIS DESEMPENHADOS EM EQUIPES DE BELBIN

Use como lista de verificação toda vez que formar uma nova equipe, para confirmar que tem o mix certo de pessoas para a tarefa.

Meredith Belbin argumenta que, para qualquer equipe ser bem-sucedida, os seguintes papéis devem ser desempenhados pelos membros denominados da equipe:

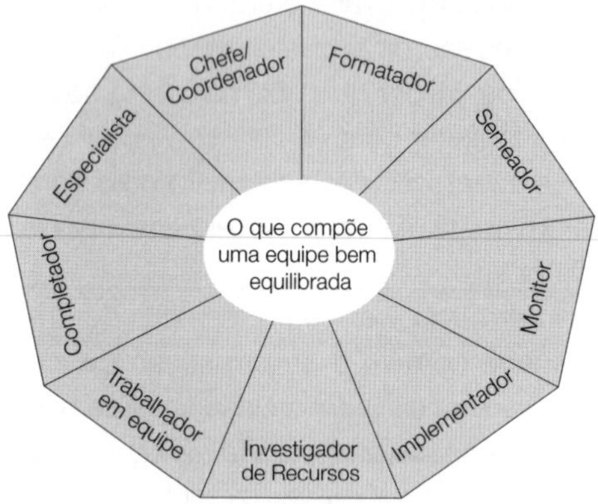

Fonte: Papéis desempenhados em equipe e descrições adaptados por cortesia de Belbin Associates.

- **Chefe/coordenador**: estabelece o programa, é calmo e confiante e responsável por obter o correto equilíbrio da equipe.
- **Formatador**: visa influenciar as decisões da equipe; é extrovertido e está disposto a ser impopular se a tarefa exigir.
- **Semeador/inovador**: gera ideias e desenvolve modos inovadores de resolver problemas.
- **Monitor/avaliador**: é analítico, imparcial e objetivo, mas pode se indispor com seus colegas em razão de suas críticas.
- **Implementador**: trabalha arduamente para transformar ideias em ação; pode irritar os companheiros de equipe pela relutância em se comprometer.
- **Investigadores de recursos**: são frequentemente jeitosos e bem-apessoados; encontram os recursos exigidos e descobrem o que a oposição está tramando.
- **Trabalhador em equipe**: é sociável e consciencioso; concilia a equipe e ajuda a resolver quaisquer questões interpessoais e profissionais de seus integrantes.
- **Completador/acabador**: é determinado e dedicado, mas pode ser visto como muito ansioso para terminar a tarefa a qualquer custo.

- **Especialista**: provê conhecimento técnico e experiência em áreas fundamentais; pode irritar os outros, porque seu foco está sempre voltado à sua área de especialidade.

COMO USAR

- Comece tendo em mente o fim (*veja a Teoria 9*) e identifique as metas e objetivos da equipe, os recursos disponíveis e os prazos finais que você deve cumprir.
- Identifique quem apoia/se opõe ao projeto (*veja a Teoria 55*). Essa informação é vital. Em qualquer projeto surgirão problemas e você precisa saber em quem pode confiar.
- Certifique-se de que os recrutas da sua equipe podem cobrir todas as funções descritas na página anterior – mesmo que isso signifique que alguns deles terão de desempenhar duas ou mais funções.
- Use uma combinação de entrevistas pessoais e as descrições dos papéis desempenhados de Belbin para identificar o papel (ou os papéis) de cada pessoa.
- Informe a cada membro da equipe o que você espera dele. Então, monitore o progresso, identifique problemas e implemente ações corretivas. Se você não for o problema (e gestores frequentemente são) considere o seguinte:
  - Falta de clareza quanto aos objetivos da equipe. O que o seu Formatador está fazendo?
  - O desempenho da equipe está abaixo do padrão. Verifique a atuação do seu Completador.
  - Incapacidade para superar problemas. O que o seu Semeador está fazendo?
  - Má análise de problemas. O seu Monitor precisa de uma chamada?
  - Dificuldade de transformar ideias em soluções práticas. O que o seu Implementador está fazendo?
  - Falta de recursos. Você precisa substituir seu Investigador de Recursos por alguém que ponha realmente a mão na massa.
  - Falta de harmonia e compromisso com os objetivos da equipe. O Trabalhador em Equipe irritou o grupo?
  - Incapacidade para terminar tarefas. O seu Completador está desanimado com o projeto?
  - Falta de conhecimento especializado. O seu Especialista tem o conhecimento técnico e a experiência corretos para o projeto?

  Uma vez identificado o problema, ataque-o decididamente.

PERGUNTAS A FAZER

- Eu tenho o mix certo de pessoas na equipe?
- Como monitorar o progresso? Quais são meus marcos?

TEORIA 33 A TEORIA DO JOGADOR DE MACCOBY

Use para identificar o tipo de líder que a sua equipe necessita.

Michael Maccoby concentrou-se no papel e nas responsabilidades do gestor da equipe e identificou quatro tipos de caráter que podem ser encontrados em ação como gestores de equipe:

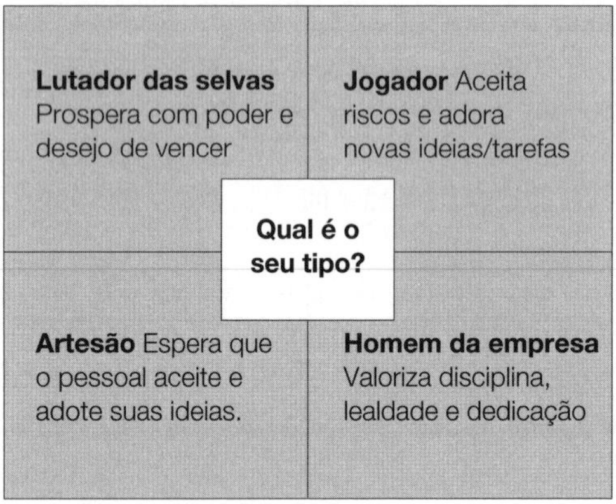

- **Artesão**: lidera emitindo comandos e espera que o pessoal obedeça ordens. Individualista, pode ser inventivo, independente, resoluto e sincero, mas também é obstinado e desconfiado.
- **Lutador das selvas**: rijo, corajoso e competitivo. Prospera com poder e desejo de vencer e lutará para proteger a equipe. Mas também pode ser egoísta, paternalista e autoritário e perturbar membros da equipe com sua atitude agressiva.
- **Homem da empresa**: um verdadeiro membro de equipe que é leal, muito trabalhador e ansioso por agradar. Adora criar uma atmosfera de disciplina e ordem, mas é muito conservador para liderar uma equipe na qual seja necessário ter ideias inovadoras e aceitar riscos.
- **Jogador**: aceita riscos, é fascinado por novas técnicas e ideias e adora resolver problemas. Prospera com competição e gera entusiasmo na equipe. Mas pode ser desinteressado, imparcial e, às vezes, não inspira lealdade.

COMO USAR

- Identifique o seu estereótipo e seja realista. Melhor ainda, pergunte a outros quais características você exibe. Não use a terminologia utilizada por Maccoby – isso poderia assustar as pessoas. Dependendo do relacionamento que tenha com os membros da equipe, você pode ser abrupto ou sutil no seu questionamento. O importante é descobrir como você é percebido.
- Tão logo saiba o que o pessoal pensa de você, passe a enfatizar os aspectos positivos do seu caráter e minimizar os negativos. Considere adotar algumas das virtudes dos outros tipos de caráter. É claro que algumas características podem estar tão arraigadas que talvez seja difícil mudá-las *(veja a Teoria 11)*. Por exemplo, um Homem da Empresa poderia ter dificuldade de liderar uma equipe na qual se exige pensamento otimista e inovador. Nessa circunstância, delegue o papel de liderar a inovação a outro membro da equipe (*veja a Teoria 32*).
- Reconheça que diferentes estágios de evolução da equipe exigem diferentes tipos de líderes. Artesãos são essenciais no início, pois constroem ferramentas e armas de proteção. Lutadores das Selvas usam as ferramentas para conquistar o ambiente e torná-lo seguro. Logo que o ambiente esteja domado, o Homem da Empresa se instala e inicia o processo de socialização. As pessoas tornam-se uma unidade coerente e o Jogador entra em ação, levando os sobreviventes a níveis mais altos de desempenho.

PERGUNTAS A FAZER

- Em qual estágio de desenvolvimento a organização/equipe está?
- Que tipo de líder a equipe requer? Eu posso oferecer esse tipo de liderança? Se não puder, quem na equipe poderá me ajudar?

TEORIA 34 A TEORIA DOS ESTILOS DE GESTÃO DE EQUIPE DE LIKERT

Use para entender o papel, as responsabilidades e os relacionamentos que você tem com a sua equipe.

Rensis Likert identificou quatro estilos para descrever o papel, as responsabilidades e os relacionamentos que os gestores têm com sua equipe. Os quatro estilos vão de abordagem de gerenciamento de déspota autocrático até primeiro entre os iguais, e têm claras ligações com estilos de liderança *(veja as Teorias 12 e 13)*.

ESTILOS DE GERENCIAMENTO DE LIKERT:

Explorador-autocrático: o gestor tem pouca ou nenhuma confiança nos membros da equipe e, portanto, as decisões são impostas com um mínimo de consulta. A comunicação é de cima para baixo.

Benevolente-autoritário: o gestor é condescendente em relação à equipe e, portanto, os membros da equipe relutam muito em propor ideias e sugestões. A comunicação de baixo para cima é censurada.

Consultivo: o gestor tem significativa confiança, mas não total na equipe. Embora questões importantes sejam discutidas, não há muita dúvida de quem dará a última palavra. A comunicação é principalmente de cima para baixo, mas há sinais de cautelosas correntes de informação de baixo para cima.

Participativo: o gestor incentiva comunicação livre e aberta em toda a equipe. Novas ideias são bem-vindas. Prêmios e punições não são necessários, já que a equipe assume total responsabilidade sobre tudo o que deve ser feito. Todos têm absoluta confiança em todos.

As categorias de Likert originam-se claramente de um estilo de gestão de equipe altamente orientado para a tarefa.

COMO USAR

- Identifique qual estilo de gerenciamento de equipe você prefere. Para tal, você poderia usar o Questionário de Blake e Mouton (*veja a Teoria 13*).
- À medida que as circunstâncias mudarem, analise a situação e identifique qual abordagem de gestão será a mais eficaz na nova situação.
- Esteja preparado para variar seu estilo de gestão, dependendo das circunstâncias. Se você precisar que algo seja feito rapidamente e de acordo com um padrão exato, talvez seja necessário adotar uma abordagem autocrática e autoritária. Assim que o pânico terminar, você poderá focalizar uma abordagem democrática, participativa. Trata-se de equilibrar as necessidades do indivíduo, da tarefa e da organização (*veja a Teoria 14*) e reconhecer que elas estão sempre mudando.
- Adotar a abordagem correta quando estiver sob pressão é difícil. Portanto, ensaie diferentes cenários mentalmente antes de enfrentá-los na prática. Saiba como você reagirá, porque reagirá desse modo, o impacto que a mudança causará em sua equipe e como você lidará com quaisquer circunstâncias adversas (*veja a Teoria 67*).

PERGUNTAS A FAZER

- Qual é o meu estilo de gestão padrão?
- A qual estilo de gestão a minha equipe reage melhor?

TEORIA 35 O MODELO DE DESEMPENHO DE EQUIPE DE DREXLER E SIBBET®

Use para identificar os estágios pelos quais uma equipe de projeto passará e as perguntas fundamentais que você precisa fazer a cada estágio.

O modelo foi desenvolvido por Allan Drexler, David Sibbet e Russ Forrester. Consiste em um processo de questionamento de sete estágios, representado por uma bola que salta para frente e para trás.

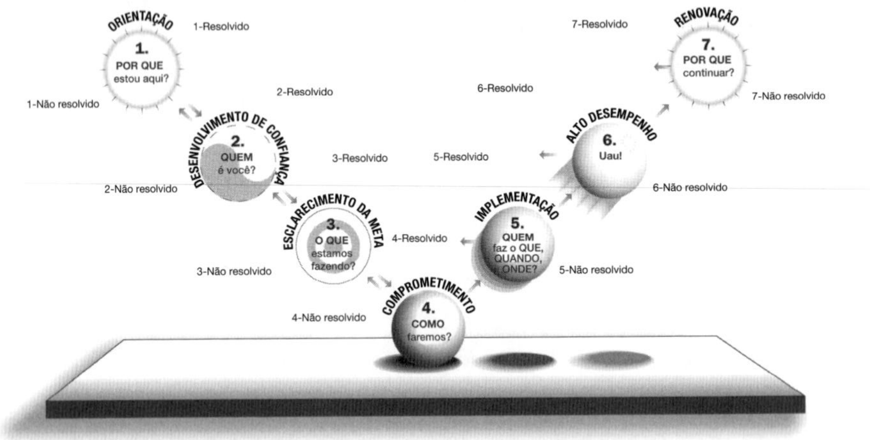

Fonte: 12.3 TPModel © 1990–2011 Alan Drexler e David Sibbet.

Perguntas a fazer em cada estágio do processo:

1. **Orientação**: Qual é a finalidade da equipe e quem fará parte dela?
2. **Desenvolvimento de confiança**: Como posso desenvolver respeito mútuo, franqueza e confiabilidade entre os membros da equipe?
3. **Esclarecimento da meta**: O que estamos tentando alcançar? Como posso assegurar que a equipe tenha uma visão compartilhada e metas claras e inequívocas?
4. **Compromisso**: Como vamos alcançar nossa meta? Temos as pessoas e os recursos certos para sermos bem-sucedidos?
5. **Implementação**: Quem faz o que, quando e onde?
6. **Alto desempenho**: Como podemos assegurar que todos estão alinhados na busca do mesmo objetivo, são bem disciplinados e sabem o que têm de fazer?
7. **Renovação**: Quando e como saberemos que concluímos nosso trabalho?

Nos estágios próximos do topo do diagrama (o início e o fim), as equipes frequentemente percebem um senso de liberdade no qual há oportunidades para potencial e possibilidade ilimitados. À medida que uma equipe passa pelos estágios do meio, há mais restrições em razão das metas estabelecidas e decisões tomadas sobre o que pode e o que não pode ser incluído no processo.

COMO USAR

- Comece perguntando a si mesmo e à equipe "Por que estamos aqui?". Resolva isso e perceberá um senso de finalidade, identidade de equipe e adesão. Se não resolver, enfrentará confusão, incerteza e medo.
- Use as perguntas apresentadas na teoria em cada estágio do processo para ajudá-lo a passar para o estágio seguinte.
- Desenvolva confiança entre os membros da equipe, fazendo que eles compartilhem de detalhes de suas experiências de trabalho, expectativas, interesses pessoais e habilidades. É durante essa fase que as pessoas testam umas às outras.
- Aproveite a confiança criada, garantindo que os membros da equipe saibam quais são seus papéis e responsabilidades individuais e os de seus colegas.
- Produza um plano de implementação detalhado que identifique quem é responsável, em cada estágio do processo (*veja a Teorias 39, 49 e 86*).
- Use reuniões de equipe para esclarecer as metas do projeto e monitorar o progresso. Incentive a equipe a discutir o trabalho e identificar diferentes modos de fazer as coisas. Espere alguma discordância nesse estágio e siga em frente quando obtiver consenso.
- Se quiser que a sua equipe se comprometa com o projeto e trabalhe de um modo cooperativo, você precisará ser um bom modelo no papel que desempenha – é um exemplo de faça o que eu faço.
- Não tenha medo de voltar a estágios anteriores, se necessário. Lembre-se de que o conceito do modelo é uma bola que salta para frente e para trás e que, às vezes, pode perder o impulso ou não saltar como esperado.
- Uma vez concluída a tarefa, elogie o sucesso da equipe e discuta áreas que podem ser melhoradas ou coisas que podem ser executadas de modo diferente na próxima vez.

PERGUNTAS A FAZER

- As metas do projeto estão claras para mim?
- Eu comuniquei essa visão claramente à equipe?

TEORIA 36 A TEORIA DA FORMAÇÃO DE GRUPO DE HOMANS

Use para identificar os fatores externos que podem arruinar/destruir o seu projeto.

George Homans argumenta que a interação entre o grupo e o ambiente no qual atua modela seu comportamento, bem como o resultado final.

OS CINCO FATORES IDENTIFICADOS SÃO:
Restrições físicas impostas à equipe e que afetam o desempenho da tarefa.
Crenças e valores culturais/pessoais, que compõem o entendimento compartilhado do grupo.
Recursos e utilidades tecnológicas, que estão disponíveis para ajudar a equipe a executar sua tarefa.
Políticas e procedimentos da organização, que governam as práticas de trabalho e o desenvolvimento pessoal dos membros da equipe.
Fatores socioeconômicos, que se originam do impacto que os desenvolvimentos políticos, econômicos, sociais e tecnológicos causam à equipe, em âmbito mais amplo.

Homans argumenta que, influenciado pelo ambiente, o grupo passa por uma série de estágios comportamentais. No início, todos agem da maneira esperada pelo líder do grupo (comportamentos exigidos ou dados). Em seguida, passam por um estágio no qual fazem coisas a mais e acima do que é esperado (comportamentos emergentes). Por fim, tudo isso resulta em mais produtividade e desenvolvimento pessoal.

COMO USAR

- Reconheça que você e a sua equipe não atuam isoladamente. Ambos são afetados pela cultura de sua organização (*veja a Parte 5*) e por influências sociais mais amplas.
- Use as ferramentas SWOT (*veja a Teoria 65*) e PEST/PESTLE (*veja a Teoria 66*) para identificar as variáveis que poderiam causar impacto no seu projeto e, juntamente com a equipe, decida como você lidará com todas as eventualidades identificadas.
- Elimine quaisquer restrições físicas impostas à sua equipe, visto que elas afetarão seu desempenho. Se o local de trabalho estiver apinhado, superlotado e separado geograficamente do local de ação, a sua equipe naturalmente entenderá que a organização acha que seu trabalho não é importante (*veja as Teorias 23 e 26*).
- Instile um conjunto comum de valores e crenças sobre o modo de operação da equipe, como ela lidará com a tarefa em mãos e informe o que será considerado um trabalho bem-sucedido.
- Treine cada membro da sua equipe para maximizar o uso das ferramentas de que dispõe. Muito frequentemente os indivíduos não estão cientes dos recursos disponíveis e não sabem como os explorar.
- Equipes que trabalham fora da estrutura normal da organização podem ficar incapacitadas pela burocracia que governa a vida diária da organização. Combine com a gerência de nível superior até que ponto você pode agir fora dos controles normais.

PERGUNTAS A FAZER

- Estou demasiadamente preocupado com o que está acontecendo dentro da organização?
- Preciso discutir as implicações mais amplas do projeto com alguém que não pertença à equipe?

TEORIA 37 O MODELO DA SEQUÊNCIA DE DESENVOLVIMENTO DO GRUPO DE TUCKMAN (COROA DE REI)

Use para identificar os estágios de desenvolvimento pelos quais a sua equipe passa e para corrigir seu estilo de gestão, de acordo com a teoria.

Bruce Tuckman apresentou pela primeira vez seu modelo *Forming*, *Storming*, *Norming*, *Performing* (FSNP) em 1965 e, com Mary Jensen, acrescentou um quinto estágio (*Adjourning*) em 1977. O modelo descreve as fases pelas quais as equipes passam, desde sua formação inicial, até a conclusão da tarefa.

Final

Estágio 5 Adjourning (Suspensão): tendo concluído sua tarefa, o grupo se dissolve. Os membros compartilharão um senso de perda ou de alívio, dependendo do resultado da tarefa

Estágio 4 Performing (Execução): a confiança cresce, tanto no nível individual como em relação aos membros do grupo, à medida que trabalham para atingir uma meta comum.

Estágio 3 Norming (Normatização): o grupo descobre meios de resolver conflitos e começa a emergir como uma unidade coesiva. Críticas e feedbacks são dados de modo construtivo e os membros começam a cooperar uns com os outros.

Estágio 2 Storming (Embate): ocorrem conflitos à medida que interesses pessoais se revelam. Os membros tentam se impor, começam a questionar decisões e a desafiar autoridade.

Estágio 1 Forming (Formação): os membros começam a interagir e tentam descobrir o que se espera deles. Excitação e entusiasmo misturam-se a medo e incerteza.

Desenvolvimento da equipe

Início

COMO USAR

- Dê orientação desde o momento em que a equipe começa a se formar. Esclareça muito bem qual é a finalidade da equipe, suas metas e objetivos, além da contribuição que você espera de cada um. Negocie e estabeleça regras fundamentais, ouça e aborde quaisquer preocupações que os membros tenham.
- Durante a fase do embate (storming) esteja preparado para lidar com quaisquer desafios à sua autoridade ou com disputas internas na equipe. O modo de você lidar com esses problemas determinará o tom para os comportamentos que você pode esperar que as pessoas exibam durante toda a vida operacional da equipe. Agir passivamente ou agressivamente pode não ser do melhor interesse da equipe. Sempre que possível, prefira uma solução em que todos saiam ganhando (*veja a Teoria 9*).
- À medida que a equipe amadurece e entra na fase de normatização (norming) o seu papel muda para o de apoiador. Nesse estágio, a equipe terá desenvolvido seus próprios modos de lidar com conflitos e terá criado confiança entre os membros para aceitar críticas construtivas, sem partir para a briga. Portanto, não interfira e deixe que a equipe resolva seus próprios problemas.
- Assim que o grupo começar a atuar como uma equipe coesiva, não tenha medo de adotar uma posição de observador. Deixe a equipe ir em frente. Se você os treinou da maneira correta, eles o procurarão somente se precisarem de ajuda.
- Quando a tarefa estiver concluída, elogie o sucesso da equipe e reconheça a contribuição de cada um.

PERGUNTAS A FAZER

- Eu tenho autodisciplina suficiente para não interferir enquanto a equipe amadurece?
- Como saberei se estou sufocando o crescimento da equipe? Quais sinais devo procurar?

TEORIA 38 O MODELO INTEGRADO DE DESENVOLVIMENTO DE GRUPO DE WHEELAN

Use para aprofundar seu entendimento dos estágios de desenvolvimento pelos quais os grupos passam.

Susan Wheelan aproveitou o modelo de Tuckman (*veja a Teoria 37*) e sugeriu que grupos alcançam maturidade simplesmente por passarem pelo processo de trabalhar em conjunto. Ela alega que há uma relação significativa entre o tempo que o grupo passou junto e seus padrões comportamentais. Ela descreve esses relacionamentos usando um modelo de quatro estágios baseado em um ciclo de crescimento de vida.

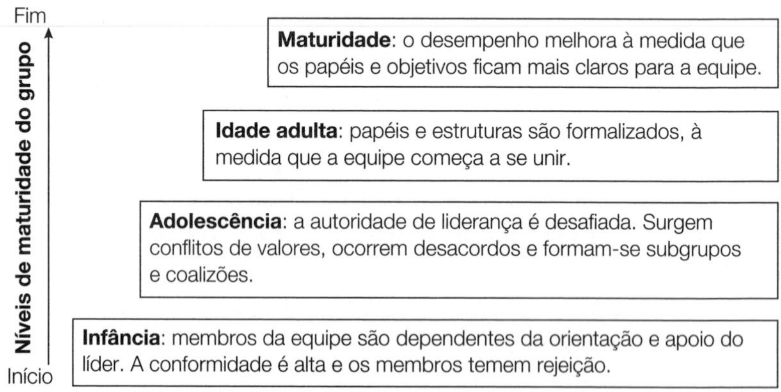

Para acompanhar o modelo, Wheelan desenvolveu um Sistema de Observação do Desenvolvimento do Grupo (Group Development Observation System – GDOS) que avalia a percepção de cada membro em relação ao estágio em que ele acha que a equipe está. Usando essa informação, os gestores podem mudar seu estilo de gestão para ficar de acordo com o estágio de desenvolvimento das equipes e satisfazer suas necessidades.

COMO USAR

- Use o o modelo de Wheelan para avaliar a percepção de cada membro em relação ao estágio em que considera que a equipe está.
- Na fase um (infância), procure identificar membros da equipe que exibem as características mostradas na infância, como dependência, imaturidade e necessidade de ser querido. Invista tempo e esforço nessas pessoas. Explique o que você quer, responda perguntas, dê apoio e modele o comportamento que você espera delas.
- Na fase dois (adolescência) você pode esperar conflitos em relação a valores, desafios à sua autoridade e a eclosão de desacordos e lutas. Fique calmo e lembre-se de que nada disso é pessoal (*veja as Teorias 31 e 84*). Dê oportunidades e tempo para o pessoal falar com você e uns com os outros. Use essas conversas para enfatizar os valores compartilhados que você espera que a equipe exiba.
- Na fase três afaste-se à medida que a equipe passa ao estágio de jovem adulto. Se quiser que a equipe atinja maturidade total, você terá de resistir e não se envolver demais no processo de tomada de decisão da equipe. Aja como um facilitador, não como um diretor, e deixe que a equipe descubra seus próprios erros.
- A fase quatro (maturidade) é a fase em que sua equipe tem a confiança e a crença para enfrentar sozinha até mesmo as tarefas mais desafiadoras. Dê-lhes espaço, não interfira, mas mantenha uma vigilância paternal e elogie as realizações. É possível que as pessoas tenham cortado os laços da infância que tinham com você, mas (tomara!) ainda o respeitarão e darão valor aos seus conselhos, elogios e opiniões.

PERGUNTAS A FAZER

- Eu tenho a capacidade de apoiar os membros da minha equipe, em todas as fases?
- Há alguém fora da equipe em quem eu possa confiar e que poderia me ajudar com isso?

TEORIA 39 A TEORIA DA DETERMINAÇÃO DE METAS DE LOCKE

Use quando quiser motivar, monitorar e controlar o pessoal, usando metas.

Edwin Locke alegou que havia uma relação entre o grau de dificuldade e de especificidade de uma meta e a qualidade do desempenho da equipe.

Os cinco princípios que fundamentam a determinação bem-sucedida de metas:

- **Clareza**: quando uma meta é clara e específica, há menos desentendimento dentro da equipe a respeito de quem deve fazer o quê, sob qual padrão e em qual prazo.
- **Desafio**: as equipes são motivadas por desafio e realização. Uma "boa" meta é uma meta difícil, mas factível, e que os membros da equipe acreditam que lhes dará grande satisfação quando cumprida.
- **Compromisso**: é mais provável que as equipes irão "aderir" a uma meta se acharem que fazem parte de sua criação.
- **Feedback**: as equipes reagem positivamente a ações do líder que esclareça expectativas, ajuste metas e reconheça realização.
- **Complexidade da tarefa**: as equipes podem ficar animadas quando trabalham com tarefas desafiadoras, mas também podem ficar desanimadas se a tarefa for demasiadamente complexa.

Locke afirma que a finalidade subjacente da determinação de metas é facilitar o sucesso. Se os gestores não conseguirem determinar metas claras e específicas, frustrarão e inibirão o pessoal, que não alcançará seus objetivos.

COMO USAR

- Reconheça que, se a sua equipe não estiver funcionando tão eficazmente como poderia, o problema pode ser você. Você determinou metas específicas, mensuráveis, atingíveis, realistas e de tempo limitado (metas SMART – *veja a Teoria 88*)? Se a resposta for negativa, reformule-as. Assegure-se de que cada meta seja desafiadora e também realista. Se fixar metas demasiadamente altas, você desmotivará a sua equipe. Se fixá-las muito baixas, a equipe se entediará e ficará desinteressada.
- Tão logo tenha fixado metas SMART, peça aos participantes da equipe que estabeleçam suas próprias metas individuais. Sugira que usem a abordagem SMART e certifique-se de que as metas que eles determinaram são compatíveis com as metas da equipe. Ao fazer isso, você mantém todos motivados e comprometidos com um conjunto integrado de metas pessoais e de equipe.
- Dê feedback regular tanto a indivíduos como à equipe, mas não exagere. Você não precisa de reuniões diárias com a equipe nem de reuniões para estabelecer um cronograma de reuniões etc. Em vez disso, dê feedback quando e à medida em que você entrar em contato diário com as pessoas, e faça reuniões curtas, diretas ao ponto, para discutir e registrar o progresso.
- No caso de tarefas complexas, tenha o cuidado especial de garantir que você não está sobrecarregando a equipe. Os membros da equipe que estão acostumados a trabalhar com tarefas complexas podem estar se empenhando demais para fazer a parte que lhes cabe. Porém, o pessoal menos experimentado pode sentir-se sob rigorosa pressão para apresentar bom desempenho. Não os perca de vista e converse com eles periodicamente (*veja a Teoria 16*).

PERGUNTAS A FAZER

- Eu estabeleci metas SMART para a equipe e para todos os participantes?
- Minhas reuniões ajudam ou impedem a equipe de cumprir suas metas?

UMA PALAVRA FINAL SOBRE TEORIAS DE EQUIPE

POR QUE TUCKMAN FOI COROADO REI

Isso foi realmente difícil. A escolha ficou entre Belbin e Tuckman, com Wheelan seguindo logo atrás, em terceiro lugar. Eu usei Belbin extensivamente no passado, mas optei por Tuckman porque ele enfatiza as ações que você precisa executar para transformar um grupo de indivíduos em uma ótima equipe. O processo de Tuckman é simples, mas brilhante. Você precisa:

- reuni-los;
- conversar com eles;
- ter as mesmas linhas de pensamento;
- resolver conflitos; e
- assumir a responsabilidade por seu próprio trabalho/desempenho.

Ao mesmo tempo, não interferir, agir como facilitador e vê-los crescer (a perspectiva de Wheelan, na qual isso é visto como um ciclo de crescimento na vida, é fascinante).

Ao escolher membros da equipe é essencial que você reúna pessoas que tenham as habilidades que Belbin identificou, mas também pessoas que possam complementar as suas forças e compensar as suas fraquezas. Por exemplo, é perfeitamente possível liderar uma equipe que tenha de entregar um novo computador importante dentro de seis meses e saber pouco de computação, desde que você se cerque de pessoas ótimas que saibam o que estão fazendo, e em quem você confia. Eu sei, porque foi exatamente isso que fiz, graças a uma ótima equipe.

Tão logo tenha a sua equipe, gaste tempo esclarecendo suas metas e objetivos. Seja qual for a sua meta, você só poderá "desenvolvê-la" se tiver em mente um claro quadro dessa meta quando concluída. Não aja prematuramente. Tenha certeza de aonde quer ir antes de dar um passo sequer. Só então você poderá instruir cada pessoa individualmente sobre seus papéis e responsabilidades. Então, informe à equipe quem é o responsável pelo que. Isso esclarecerá papéis e responsabilidades, eliminará confusão e habilitará a equipe a levar seus próprios membros em conta (*veja a Teoria 4*).

Estabeleça metas SMART que motivarão os indivíduos, bem como a equipe. Não se esqueça de reconhecer a contribuição das pessoas ao projeto e elogiar até mesmo pequenos sucessos.

Uma das primeiras tarefas que você e a equipe precisam executar é avaliar o ambiente no qual trabalharão. Você pode ser o melhor gestor do mundo, mas se o ambiente em que estiverem trabalhando for venenoso, suas chances de sucesso são pequenas. Use ferramentas de varredura (*veja as Teorias 36, 65 e 66*) para examinar os fatores internos e externos que poderiam afetar o projeto. Não se esqueça que, embora fatores externos possam prejudicá-lo, são os internos que mais provavelmente dizimarão a sua equipe.

À medida que a equipe começa a trabalhar e desenvolver sua própria personalidade, não se esqueça de que você talvez tenha de mudar seu estilo de gestão. Parte de qualquer processo de amadurecimento envolve aprender a lidar com os seus próprios problemas. Em algum estágio, você terá de dar liberdade ao grupo para resolver seus próprios conflitos. Você poderá ficar tentado a intervir, mas se o fizer, tolherá o crescimento.

A formação de uma equipe é frequentemente retratada como um processo linear. Até mesmo essa conclusão que você está lendo agora dá essa impressão. A verdade é que, se as coisas começarem a dar errado, você talvez tenha de dar um passo atrás, ou até mais de um, para resolver um problema antes de poder seguir em frente.

Grandes equipes fazem grandes coisas. Um dos exemplos mais marcantes de montagem de equipe e subsequente sucesso, nos últimos anos, foi a vitória da Inglaterra na Copa Mundial de Rúgbi (Rugby World Cup) em 2003. O treinador, Clive Woodward, atribuiu o sucesso da Inglaterra não apenas a um grupo extraordinário de jogadores, mas também à preparação de jogadores mais intensiva do que a de qualquer outra equipe internacional e a um poderoso espírito de equipe dentro e fora do gramado. Ele prestou especial tributo aos papéis desempenhados com precisão e paixão pelos muitos jogadores e pelo pessoal de apoio, que compunha a equipe. Resumindo, ele estava reiterando a grande máxima militar que diz "Planejamento Evita um Desempenho de M****".

PARTE 5

COMO ANALISAR A CULTURA ORGANIZACIONAL

PALAVRAS INICIAIS

O objetivo da Parte 5 é ajudá-lo a identificar a cultura que existe em sua organização. Aqui aconselhamos como usar as teorias com o seu pessoal, mas sua finalidade principal é ajudá-lo a identificar e entender a cultura na qual você trabalha. Isso é vital. Se você estiver em desacordo com a cultura da sua organização, verá que esse é um ambiente muito desconfortável no qual trabalhar. Certa vez, eu trabalhei para um executivo que fazia que os processos de decisão do Imperador Calígula parecessem bem equilibrados e lógicos. Era uma cultura de poder *(veja a Teoria 40)* e como detinha todo o poder, ele fazia o que bem entendia. Eu não consegui lidar com tal abordagem arbitrária do gerenciamento e, como não podia mudá-la, saí.

Se a cultura da sua organização for apenas um pouquinho incômoda, talvez você decida ficar. Nesse caso, talvez você precise ajustar o seu estilo de gestão à cultura predominante. Se não fizer isso, você será como um salmão que nada contra a corrente — valente, mas provavelmente será devorado por um imenso urso sanguinário ou por algum sujeito munido de vara e linha de pescar.

Mas o que é cultura organizacional? Certa vez, fiz essa mesma pergunta a um grupo de pessoas que trabalhavam em uma importante empresa automotiva. As respostas variaram de "crenças religiosas" a "aquilo que surge no fundo da sua xícara de café se você não lavá-la na noite de sexta-feira".

O que eu queria era uma resposta alinhada com princípios, ideologias, políticas e práticas compartilhados por todos na organização. Usando de diplomacia, reconheci cada contribuição com comentários como "valores e crenças certamente causam impacto à cultura" e "exatamente como o mofo na xícara suja, a cultura é um processo orgânico no qual o produto final pode ter um efeito danoso ou curador". (Pessoalmente, eu nunca acreditei na ideia que Alexander Fleming descobriu a penicilina em um pedaço de pão velho.)

A gama de respostas demonstra a complexidade do assunto. Há muitas abordagens da cultura e um número maior ainda de definições. Kroeber e Kluckhohn, na resenha que fizeram da cultura organizacional na década de 1950, informaram 156 definições diferentes. E isso foi antes de os gurus do gerenciamento das décadas de 1960-1990 começarem. Infelizmente, ainda não há nenhum consenso sobre o exato significado de cultura organizacional. Não fique preocupado com essa falta de consenso porque a própria busca de uma definição comum nos ajuda a entender melhor esse conceito.

As teorias da Parte 5 vão de pragmáticos a fantasticamente metafóricos. O que elas têm em comum é que lhe proporcionam modos diferentes e interessantes de analisar e pensar a cultura da sua organização. O que é? Como foi estabelecida? Como é mantida? Que influência exerce sobre as pessoas na organização?

Embora culturas organizacionais variem amplamente de uma instituição para outra, também existem similaridades. A maioria das culturas organizacionais pode ser categorizada como algo que uma organização *é* (a imagem que as pessoas têm sobre como a organização trata de negócios) ou algo que uma organização *tem* (seus valores e crenças fundamentais).

Leia as páginas seguintes e use as ideias que lhe agradam e que você acha que poderá usar no local de trabalho. Tudo o que eu peço é que não recorra a apenas uma ou duas teorias. A cultura organizacional é multifacetada e você terá de considerá-la de diversos ângulos, se espera obter um quadro claro do ambiente no qual está atuando.

TEORIA 40 O MODELO DE CULTURA ORGANIZACIONAL DE HANDY (COROA DE REI)

Use o questionário de cultura organizacional de Handy quando quiser obter uma rápida visão geral de sua cultura e do que você pensa dela.

Charles Handy sugere que todas as culturas organizacionais são compostas por quatro subculturas diferentes. É a exata mistura/influência dessas subculturas que produz a cultura ímpar da organização. As subculturas são:

Clube (ou de poder)	**Papel desempenhado (ou burocrática)**
Uma teia de aranha representa essa cultura. A aranha é toda-poderosa e se ela se mover a rede balança e todos pulam. Em culturas de clube, o poder está nas mãos de uma única pessoa ou de uma pequena elite.	Um templo grego descreve essa cultura. Cada pilar do templo representa uma função/departamento fundamental. A estrutura da organização é hierárquica e o que se espera é que o pessoal trabalhe conforme sua descrição de função e siga regras e procedimentos estabelecidos.
Orientadas para tarefa (ou equipe)	**Existenciais (ou individuais)**
Uma rede representa essa cultura. O trabalho de equipe é usado extensivamente para resolver problemas. Quando a tarefa é cumprida, a equipe é desfeita.	Estrelas no firmamento retratam essa cultura. É baseada em indivíduos cuja lealdade à organização é superada por suas próprias necessidades individuais. Escritórios de advocacia tipificam esse tipo de cultura.

Embora elementos de todas as quatro culturas estejam presentes na cultura de cada uma das organizações, é provável que uma dominará as outras.

COMO USAR

- Use a definição das subculturas para identificar a cultura da sua organização e qualquer desacordo entre ela e o tipo de cultura na qual você gostaria de trabalhar.
- Se você se sentir feliz por trabalhar na cultura, então identifique um gestor bem-sucedido dentro dessa organização. Analise como ele se comporta e modele os seus próprios comportamentos conforme o que ele faz.
- Em uma cultura de clube, a sua autoridade, seu poder e sua credibilidade dependerão do seu relacionamento com a fonte central do poder, seja ela um indivíduo ou um grupo. Para ser bem-sucedido você precisa ser um membro do grupo "interno" (*veja a Teoria 18*) e fazer coisas do modo que tal grupo aprova.
- Em uma cultura de papel desempenhado, o especialista que entende as regras e os procedimentos da organização têm um tremendo poder e influência. Assim, não importa quão maçante isso seja, estude as regras, regulações e os procedimentos da organização, e saiba como usá-los em seu benefício.
- Culturas orientadas para tarefa oferecem a jovens gestores a oportunidade de brilhar. Apresente-se como voluntário para chefiar qualquer equipe que se reporte à gerência de alto escalão. Se você for um gestor de alto escalão, use a formação de equipes como um modo de desenvolver e recompensar o seu próprio pessoal (*veja a Parte 4*).
- Em cada organização há algumas pessoas que acreditam que ela exista para seu benefício. Ter um ou dois desses tipos excêntricos por perto pode ser útil, visto que eles costumam ter ideias inusitadas. Todavia, na qualidade de gerente, você precisa utilizar tais habilidades e, ao mesmo tempo, controlar seus excessos.

PERGUNTAS A FAZER

- Qual é a cultura dominante na organização?
- Quais são as implicações da cultura da organização para o meu estilo de gerenciamento?

TEORIA 41 O MODELO DE RISCO E RETORNO DE DEAL E KENNEDY

Use para identificar o nível de risco e retorno culturalmente aceitável em sua organização.

Terrence Deal e Allan Kennedy sugerem que a base da cultura organizacional é determinada pelos graus de risco e velocidade de retorno que governam o modo de funcionamento da organização. Eles identificam quatro tipos distintos de cultura.

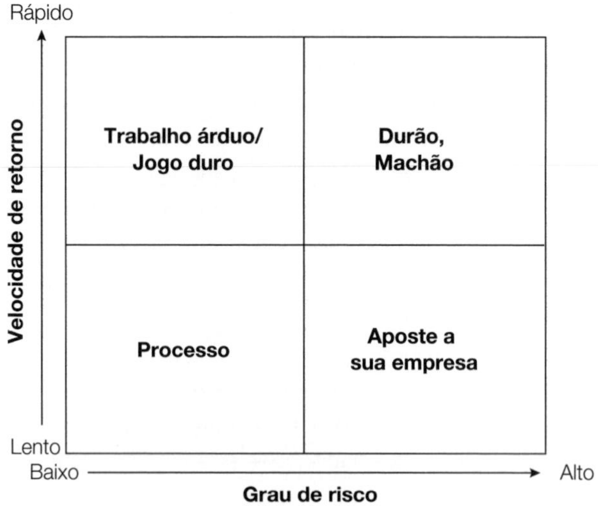

Fonte: Adaptado de DEAL, T. E.; KENNEDY, A. A. *Corporate cultures*: rites and rituals of corporate life. New York: Penguin, 1988. Cortesia de Peters, Fraser & Dunlop.

Trabalho árduo/jogo duro: essa é uma cultura que aceita poucos riscos em razão de questões de saúde e segurança, mas precisa de retorno rápido em termos da satisfação do cliente.

Durão, machão: inclui um mundo de individualistas que costumam aceitar altos riscos e obter rápido retorno, quer suas ações sejam certas ou erradas.

Aposte a sua empresa: nessa cultura, as pessoas tomam decisões de alto risco, mas talvez será preciso esperar vários anos para saber se suas ações realmente compensaram.

Processo: essa também pode ser descrita como uma cultura burocrática. Existe onde os riscos são baixos e o retorno é lento.

Uma cultura bem alinhada que reage positivamente ao risco e ao retorno pode impelir uma organização ao sucesso.

COMO USAR

- Organize uma lista com várias decisões que a sua organização tomou nos últimos 12 ou 18 meses. Analise-as e ordene-as como decisões de baixo, médio e alto risco. Então considere a rapidez que a organização espera receber o retorno sobre o sucesso ou o fracasso de cada decisão. Isso lhe dará o perfil de risco e retorno da organização.
- Considere o nível de risco que você está disposto a enfrentar, o que exige mais do que apenas uma avaliação superficial. Pense nas decisões que não o deixaram dormir à noite. Elas são um bom indicador do nível de risco/ incerteza que você consegue aceitar. Considere-as seu padrão de comparação e compare-as com o perfil da organização. Se você for demasiadamente cauteloso ou aventureiro para a organização, deve pensar seriamente em fazer as malas, a menos que possa mudar a cultura da organização (*veja a Parte 5, e as Teorias 76 e 77)* de modo a equalizar o seu poder de mudar com o seu perfil de risco.
- Desde que qualquer diferença identificada possa ser resolvida, não perca tempo. Descubra quais são as diferenças entre o seu modo de agir e o comportamento esperado pela organização. Então desenvolva um plano de ação para resolver as diferenças usando as metas SMART (*veja a Teoria 88)*.
- No seu trabalho e nos contatos diários com o pessoal, modele o seu comportamento conforme o que a organização espera de seus gestores (*veja a Teoria 11*). Se ela quer um jovem gestor afoito e direcionado para a tarefa, que está disposto a correr riscos para chegar ao topo, você não tem alternativa senão contentá-la. Afinal, é por isso que você foi contratado.

PERGUNTAS A FAZER

- Quais tipos de comportamento são recompensados em minha organização?
- Sinto-me bem com o nível de risco que se espera que os gestores aceitem? É demasiadamente alto ou demasiadamente baixo para mim?

TEORIA 42 AS METÁFORAS ORGANIZACIONAIS DE MORGAN

Use para identificar como você e seu pessoal se sentem em relação à cultura da organização.

Morgan sugere que as culturas organizacionais podem ser representadas como uma série de metáforas.

AS OITO METÁFORAS CULTURAIS DE MORGAN SÃO:
Máquina: baseada em procedimentos eficientes, padronizados e controlados. Cada unidade operacional funciona como um dente na engrenagem de uma roda.
Organismo: um sistema vivo com um ciclo de vida de nascimento, maturidade, morte – uma questão da sobrevivência do mais forte.
Cérebros: um ambiente de aprendizagem envolvido com processamento de informações, ênfase em conhecimento, inteligência e retorno.
Valores: uma organização baseada em valores, com ênfase em tradição, crenças, história e uma visão compartilhada.
Sistemas políticos: uma cultura desenvolvida sobre uma base de preservação de interesses e direitos, com programas e alianças ocultos.
Prisões psíquicas: representam a cultura em termos de sentimentos conscientes e inconscientes de repressão e regressão.
Fluxo e transformação: veem a cultura como um furacão de mudança; às vezes, benéficas, mas, às vezes, caóticas e paradoxais.
Instrumentos de dominação: representam uma cultura fundamentada na agressão, aquiescência, exploração e imposição de valores.

Morgan argumenta que metáforas criam janelas que nos revelam a alma da organização e nos permitem ver, entender e imaginar a organização de modos diferentes.

COMO USAR

- Use as percepções de Morgan como um ponto de partida para criar as suas próprias metáforas. Dê ao pessoal uma folha de papel e peça que as pessoas desenhem uma figura que represente a cultura da organização. Enfatize que você quer uma figura não uma estrutura organizacional.
- É muito provável que você venha a obter uma seleção de árvores, regadores, computadores, talvez um ou outro castelo sob um sítio. Entre as mais interessantes, citamos cenas de uma guerra intergaláctica ou um ursinho de pelúcia com presas e garras (sim, já vi um desses). Essas figuras nos dão uma ótima percepção do modo como o pessoal vê a organização.
- Pergunte a cada um o que sua figura significa. Ouça o que eles dizem. Identifique onde estão os problemas; por exemplo, o regador pode estar furado ou talvez a saída esteja bloqueada por algum material que impede que a água chegue ao destino pretendido. Trate, em primeiro lugar, das questões representadas por metáforas e, então, volte ao mundo real e trate da questão real. Nesse caso, isso pode significar que informações importantes não estão chegando até o pessoal.
- Caso não se sinta bem com ambiguidade e emoção, talvez as metáforas não sejam boas para você. Se estiver disposto a arriscar, experimente-as em um ambiente seguro, e veja o que o pessoal produz. Aposto que obterá muitas percepções valiosas sobre os sentimentos do pessoal com relação à organização.

PERGUNTAS A FAZER

- Tenho certeza de que todos os componentes da minha equipe compartilham a mesma imagem que eu tenho da organização?
- Quais são as implicações da minha resposta sobre como eu trato o pessoal?

TEORIA 43 A TEORIA DA LIDERANÇA CULTURAL DE GRAVES

Use para identificar a cultura dominante em sua organização.

Desmond Graves argumenta que a cultura organizacional pode ser entendida pelo exame do caráter das pessoas que gerenciam a organização. Ele identifica quatro culturas possíveis:

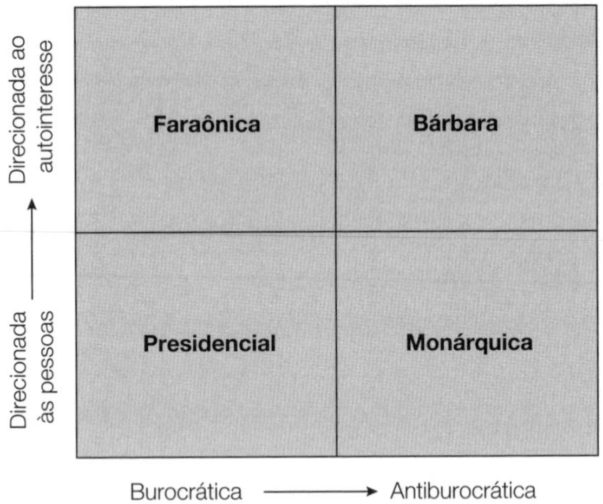

Fonte: Adaptado de GRAVES, D. *Corporate culture*: diagnosis and change – auditing and changing the culture of organizations. New York: Palgrave Macmillan, 1986.

Culturas faraônicas são dominadas por indivíduos. São burocráticas e direcionadas ao ego. A liderança cultural é mantida por um respeito apaixonado por status, rituais e ordem.

Culturas bárbaras são dominadas por um senso de presságio. São direcionadas ao ego e antiburocráticas. A liderança cultural é mantida por meio de uma mistura de incerteza, terror e charme.

Culturas presidenciais são burocráticas e se preocupam com democracia, status e coordenação. A liderança cultural é mantida mediante a consideração de necessidades e aspirações das pessoas.

Culturas monárquicas são antiburocráticas e dominadas por uma crença na autoridade absoluta do líder. A liderança cultural é mantida mediante a lealdade inquestionável dos seguidores.

Ao oferecer esses estereótipos, Graves sugere que a liderança simbólica é um modo de incentivar as pessoas dizendo que elas estão lutando por algo que vale a pena.

COMO USAR

- Como já discutimos nas teorias de Handy (*veja a Teoria 40*) e Deal e Kennedy (*veja a Teoria 41*), você terá de identificar a cultura que é dominante na sua organização e decidir se será feliz se continuar a trabalhar ali. Para tal, use suas reflexões pessoais.
- Use testes de personalidade e entrevistas de trabalho para recrutar pessoas que podem prosperar na cultura de sua organização.
- Se a sua equipe ou organização for nova, é possível que tenha adquirido a característica de uma cultura bárbara; uma cultura que pende para o lado da abordagem "leão engole leão". Essa cultura é mais adequada para conseguir negócios do que para conservá-los. Cedo ou tarde você precisará modificá-la de modo a criar estabilidade e estrutura.
- Uma cultura faraônica pode favorecer a criatividade e a imaginação, mas não a emancipação da sua força de trabalho. É uma cultura na qual a posição e seguir procedimentos corretos provavelmente serão valorizados. Em tempos de rápida mudança, você precisará adotar uma nova abordagem.
- As culturas presidenciais são menos direcionadas ao ego do que as bárbaras e as faraônicas, mas status, cooperação e um desejo de levar em conta as necessidades do pessoal podem torná-las lentas e pesadas. Em tempos de crise você terá de adotar uma abordagem mais diretiva.
- As culturas monárquicas são resumidas pela lealdade ao governante. Em muitas organizações esse governante é o fundador. Porém, à medida que a organização cresce, será impossível que uma pessoa cuide de tudo e essa pessoa terá de compartilhar poder com outras.

PERGUNTAS A FAZER

- A cultura existente satisfaz as necessidades da organização?
- Se a cultura for inadequada, quais mudanças posso fazer?

TEORIA 44 OS TRÊS NÍVEIS DE CULTURA ORGANIZACIONAL DE SCHEIN

Use para entender o papel que valores e crenças desempenham em sua organização.

Edgar Schein é geralmente visto como o mais destacado pensador na área de culturas organizacionais. Ele alega que a cultura organizacional é determinada por um conjunto de crenças básicas que a organização tem sobre si mesma. Essas crenças, consciente ou subconscientemente, definem o que a organização é e como ela enfrenta os problemas de competição e integração internas. Ele argumenta que a cultura da organização surge e se desenvolve a partir do legado de outras.

Manifestações superficiais: são os artefatos, rituais, mitos e lendas que enviam uma mensagem a todos os que se preocupam com o que faz a organização funcionar.

Valores adotados: proporcionam uma direção comum a todos os funcionários e uma diretriz para um comportamento aceitável.

Pressupostos básicos: são entendimentos sobre a organização que são invisíveis, subconscientes e frequentemente dados como certos, por todos os funcionários, sobre a organização.

A teoria de Schein sugere que as organizações são realidades construídas socialmente, que residem tanto na mente do pessoal quanto nas estruturas e regras concretas da organização. Portanto, para entender a cultura organizacional você deve entender como o pessoal vê essa organização.

COMO USAR

- Para entender a cultura da sua organização você tem de bancar o detetive e sair em busca de uma série de pistas culturais.
- Para identificar as manifestações superficiais, faça a si mesmo perguntas como: Os ambientes de trabalho são asseados e bem arrumados? As pessoas trabalham em um escritório informal em plano aberto, andam por ali e conversam umas com as outras ou trabalham em escritórios isolados, atrás de portas fechadas e comunicam-se por e-mails? As reuniões são espirituosas, com debates animados de novas ideias, ou seguem uma programação estrita organizada e entregue por quem está no comando?
- Para identificar os valores e pressupostos básicos adotados pela organização, que estão gravados nas mentes das pessoas, você precisará conversar com elas. Oficinas de trabalho são ótimas para isso, mas você precisa garantir confidencialidade para que as pessoas se sintam seguras contra uma possível recriminação, se expressarem visões que poderiam ser impopulares para as autoridades no comando. Entrevistas individuais podem ser mais adequadas desde que o pessoal não se sinta intimidado por você. Você poderia até pensar em usar um grupo de foco.
- Tão logo tenha coletado seus dados, analise-os e use o que descobriu para descrever e entender a cultura da organização e identificar comportamentos e abordagens de gerenciamento e liderança aceitáveis e inaceitáveis.

PERGUNTAS A FAZER

- Quais dados eu preciso coletar para poder formar uma opinião sobre a cultura da organização?
- O que farei com as informações produzidas?

TEORIA 45 A TEIA CULTURAL DE JOHNSON E SCHOLES

Use para entender o que constitui comportamento adequado ou inadequado dentro da sua organização.

O modelo da teia cultural, de Gerry Johnson e Kevan Scholes, representa a cultura de uma organização usando sete elementos interligados. Esses elementos formam um conjunto de comportamentos que identificam quais são considerados adequados ou inadequados na organização.

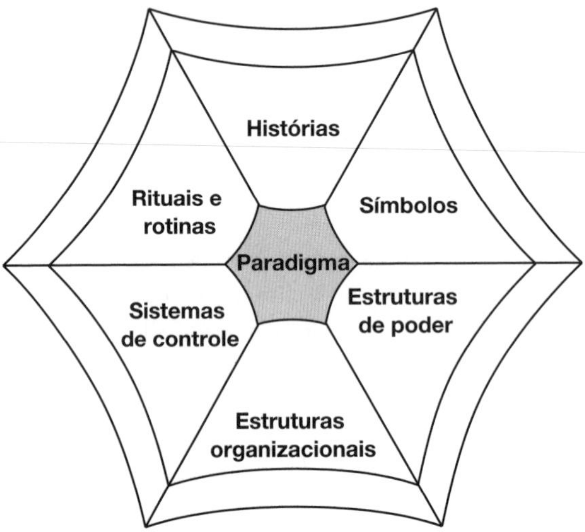

Fonte: Adaptado de JOHNSON, G.; WHITTINGTON, R.; SCHOLES, K. *Exploring strategy:* text and cases. 9. ed. London: Pearson Education, 2011.

O paradigma é o conjunto de pressupostos sobre a organização, que são dados como certos e compartilhados por todos.

Rituais e rotinas descrevem "como fazemos as coisas aqui" e como membros da organização se comportam em relação aos outros.

Histórias são contadas por membros da organização aos outros menbros, a pessoas de fora, a novos recrutas etc., e inserem o presente na história da organização.

Símbolos são itens como logotipos, jargão e imagens que tornam-se representação abreviada e descrevem a natureza da organização.

Estruturas de poder referem-se a quem realmente move e balança a organização. Podem ser indivíduos específicos, pequenos grupos ou departamentos.

Sistemas de controle incluem sistemas de desempenho gerencial e sistemas de prêmios que enfatizam o que é importante na organização e focalizam a atenção em atividades específicas.

Estruturas (Organizacionais e de Poder) referem-se a hierarquias de gerenciamento, sistemas de informação e processos de tomada de decisão.

COMO USAR

- Use as perguntas a seguir para rever cada elemento da teia cultural da organização e identificar quaisquer mudanças exigidas (*veja a Parte 6*).
- Sob qual paradigma cultural a organização funciona? Quanto da cultura da organização está ligado ao passado? Quão uniforme é a cultura? Há quanto tempo ela é como é? Eu e outros gestores na organização tentamos nos alinhar com a estratégia e cultura da organização? Ou é a cultura organizacional e não a gerência que "dita" a estratégia?
- Quais rituais eu e os outros seguimos inconscientemente? Quais aspectos do meu modo de operação eu dou como certo? Eu, ou meus colegas, precisamos mudar nosso modo de operação?
- Quais histórias ou mensagens a organização conta ou passa ao pessoal, clientes e fornecedores? Que impressão elas criam? Ratners, o mais bem-sucedido joalheiro da Grã-Bretanha na época, foi à lona da noite para o dia quando o presidente da empresa, Gerald Ratner, foi filmado dizendo que a razão pela qual ele podia vender um colar "de ouro" por £ 3,99 era o fato de que o colar era uma porcaria. Era uma brincadeira, mas revelou o que a organização pensava de seus clientes.
- Qual é a mensagem que os símbolos da organização como logotipos, material publicitário, website e comunicados de imprensa passam sobre a organização?
- Como as bases de poder dentro da organização causam impacto sobre a minha capacidade de atuar com eficácia? (*Veja as teorias 55 e 77.*)
- Use as informações apresentadas aqui quando tratar com o pessoal, colegas e gestores de nível mais alto para responder as perguntas em termos aceitáveis pela cultura vigente. Você também saberá quando, onde e como lançar uma granada de mão cultural à mistura, quanto necessário, e em seu próprio benefício.

PERGUNTAS A FAZER

- Quais são as importantes regras não escritas da minha organização?
- A quem interessa manter a cultura organizacional atual?

TEORIA 46 AS SEIS DIMENSÕES INTERORGANIZACIONAIS DE HOFSTEDE

Use como uma lista de verificação, para quando quiser mudar a cultura organizacional.

Geert Hofstede sugere que há seis dimensões que podem ser usadas para descrever a cultura da organização. Ele as apresenta como uma série de opostos e pede ao usuário que indique onde sua organização se encontra em cada um dos seis contínuos.

AS SEIS DIMENSÕES DE HOFSTEDE SÃO:
Processo versus *resultado*: culturas orientadas a processo são de baixo risco e baixo esforço. Culturas orientadas para resultados gostam de mudanças e desafios, e são de alto esforço.
Pessoa versus *tarefa*: uma cultura orientada para a pessoa coloca o bem-estar do funcionário no coração da organização. Uma cultura orientada para a tarefa enfatiza a conclusão de tarefas acima do cuidado com o pessoal.
Paroquial versus *profissional*: pessoal que trabalha em uma cultura paroquial exibe as mesmas características no trabalho e em casa. Os que fazem parte de uma cultura profissional agem de modos diferenciados em casa e no trabalho.
Sistemas abertos versus *sistemas fechados*: culturas abertas são receptivas a gente nova e forasteiros. Gente nova que se junta a culturas fechadas luta para conquistar aceitação.
Controle frouxo versus *rígido*: em uma cultura de controle frouxo, as práticas de trabalho são flexíveis e coisas como códigos de vestimenta e horários de trabalho são mais tranquilas. Culturas de controle rígido dão pouco espaço de manobra a questões como práticas e comportamento no local de trabalho.
Normativa versus *pragmática*: em uma cultura normativa há estrita obediência a regras, regulações e procedimentos. Uma cultura pragmática permite flexibilidade em procedimentos, se isso significar que as necessidades do cliente podem ser atendidas.

COMO USAR

- Se você decidir passar de uma cultura orientada para processos para uma cultura orientada para resultados, não sobrecarregue as pessoas com muitos desafios. Se você estiver promovendo uma mudança na direção oposta, assegure-se de que os funcionários de alto desempenho não se entediem com a falta de desafios.
- Talvez você tenha de recorrer a certa sensibilidade ao solicitar que funcionários que estão acostumados a uma cultura orientada para o funcionário focalizem mais na tarefa. Mas não seja indulgente com os que estão se movendo na direção oposta, visto que eles podem achar que tal tratamento é desconfortável.
- Algumas pessoas cujas vidas particulares são bem organizadas podem trazer essa disciplina ao trabalho. O modo paroquial como elas fazem as coisas pode ser melhor do que o seu, e forçar uma abordagem profissional pode ser contraproducente.
- Cuidado com as pessoas que estão acostumadas a trabalhar em uma cultura de sistema fechado. Em circunstâncias extremas, elas podem achar que são "as escolhidas". Então suspeitarão de pessoas que estão tentando entrar em seu domínio e, se estiverem passando para uma cultura aberta, podem sentir--se envergonhadas e um pouco desconfiadas em relação à natureza amistosa de seus novos colegas.
- Pessoas acostumadas à informalidade no modo de vestir e no comportamento geral podem achar difícil aceitar um ambiente mais formal. O mesmo acontece com os que estão se movendo na direção oposta. Dê tempo para que ambos os grupos se ajustem.
- Pessoas que estão passando de uma cultura pragmática para uma cultura normativa e vice-versa precisarão chegar a um acordo com as diferenças nas expectativas, no que diz respeito a obedecer regras e procedimentos. Deixe absolutamente claro quais são essas regras e procedimentos e o que se espera do pessoal.

PERGUNTAS A FAZER

- Por que eu quero mudar a cultura da organização?
- Quais são os benefícios de mudar a cultura?

TEORIA 47 HARGREAVES E AS CULTURAS BALCANIZADAS

Use para fortalecer o espírito de equipe na sua organização.

Hargreaves, referindo-se ao contexto da educação, escreveu que, embora uma escola ou faculdade tivesse uma cultura própria predominante, muitos departamentos individuais teriam culturas muito distintas. Por exemplo, a cultura em Artes e Ciências Humanas era muito diferente da existente em faculdades de Ciências e Engenharia. Ele comparou essa situação com os Bálcãs, onde, para um forasteiro, pode parecer que a cultura é razoavelmente uniforme e compartilhada por vários estados, porém, quando examinada mais de perto, mostra que cada estado tem uma cultura muito distinta.

OS CINCO ASPECTOS FUNDAMENTAIS DE CULTURAS BALCANIZADAS SÃO:
Cada divisão, departamento ou equipe (subgrupo) vê a si mesmo como uma entidade separada do resto da organização.
Com o tempo, cada subgrupo desenvolve sua própria cultura ímpar.
Há "baixa permeabilidade" entre as culturas de grupos diferentes. E cada grupo ergue um muro para impedir a influência de outros.
Uma vez erguidas essas barreiras, é difícil penetrá-las ou removê-las.
Com o tempo, as pessoas se ligam à identidade de seu subgrupo e desenvolvem um conjunto de interesses próprios, que promovem ativamente quando entram em conflito com a organização inteira.

Embora foque a educação, o modelo é claramente aplicável a qualquer organização de grande porte. Por exemplo, observe as diferentes culturas que existem entre os departamentos de contabilidade e vendas de qualquer organização.

COMO USAR

- Use como uma teoria para fortalecer o espírito de equipe dentro do seu grupo. Comece abordando as diferenças entre o seu subgrupo e os outros subgrupos na organização. Diferencie a sua equipe do restante e incentive o desenvolvimento de tradições e práticas exclusivas de seu grupo.
- Incentive a sua equipe a pensar que é diferente, até mesmo especial. Faça que as pessoas se sintam orgulhosas de pertencer à melhor equipe na organização, e promova a ideia de que somente os melhores conseguem fazer parte da sua "gangue".
- Lembre-se de que todo mundo gosta de um pouco de competição. Estabeleça uma rivalidade amistosa com outros grupos na organização e elogie o seu grupo quando ele "ganhar" dos outros — mesmo que o outro grupo não soubesse que estava competindo.
- Embora você queira que a sua equipe ache que é especial, seus componentes devem entender que não adianta eles vencerem, mas a empresa perder. A lealdade final tem de ser com a organização. Não caia na armadilha da subotimização.
- Pense em culturas balcanizadas sempre que mudar de cargo dentro da sua organização. Dedique um tempo para descobrir qual é a cultura da sua nova equipe. Só quando você entendê-la e tiver avaliado suas forças e fraquezas é que deverá considerar a possibilidade de mudá-la ou destruí-la.

PERGUNTAS A FAZER

- Quais culturas balcanizadas existem dentro da organização?
- Como posso usar a ideia de culturas balcanizadas para melhorar os resultados da minha equipe?

UMA PALAVRA FINAL SOBRE TEORIAS DE CULTURA ORGANIZACIONAL

PORQUE HANDY FOI COROADO REI

Eu escolhi Handy porque, graças ao questionário que acompanha essa teoria, você pode obter uma rápida visão geral da cultura organizacional na qual trabalha, e certa noção do grau de adequabilidade entre essa cultura e você. Nenhuma outra teoria lhe dá tanta informação com tão pouco esforço. Quanto mais você conhecer a si mesmo, mais precisos serão os resultados. Mesmo que você esteja trabalhando na organização há pouco tempo, ainda poderá obter informações úteis do questionário.

Para revelar o mistério da cultura da sua organização você precisa saber interpretar as pistas culturais. Portanto observe, ouça e só então faça perguntas ou participe de um debate. Como a cultura organizacional é multifacetada, você precisa coletar dados de pessoas em toda a organização, bem como de clientes e fornecedores. Use o maior número possível de modos diferentes de coletar dados. Se você limitar a quantidade de informação, correrá o risco de basear suas descobertas em dados tendenciosos, incompletos e seletivos. Portanto, saia do seu escritório e tente um pouco de Gerenciamento Ambulante (*veja a Teoria 10*).

Um modo de saber qual é a visão que outras pessoas têm da cultura da organização é pedir que desenhem uma figura. Essa figura revelará muito mais do que qualquer questionário ou redação que elas possam responder ou escrever sobre o assunto, e elas acharão divertido — mesmo que pensem que você é algum tipo estranho por lhes ter pedido isso. Mas, veja, o pessoal gosta de gestores excêntricos. Os resultados podem surpreendê-lo. Eu garanto que em um grupo de dez pessoas, ao menos uma desenhará algo totalmente inesperado. Isso é inevitável porque "Nada é tão estranho quanto as pessoas" e são as pessoas que criam a cultura organizacional, e não apenas os gerentes.

Antes de tentar mudar a cultura da sua organização pergunte quem se beneficiará com a mudança. O fato de você não gostar de alguma coisa não significa que é preciso mudá-la. Mudar a cultura de qualquer organização é sempre um risco e não algo que deve ser feito porque lhe "deu na telha". É totalmente possível que a cultura da organização não precise ser mudada. Lembre-se da história da mãe orgulhosa que, quando seu filho passou por ela na parada militar, comentou que todos estavam com o passo errado, menos seu Jimmy. Bom, talvez estivessem mesmo — talvez os outros é que precisem mudar para ficarem de acordo com a sua cultura preferida, mas você pode se dar ao luxo de estar errado? O antigo provérbio "Se não estiver quebrado, não conserte" pode ser relevante nesse caso.

Se quiser que a sua organização progrida você precisa identificar a cultura existente nela, qual é a cultura necessária para que ela floresça no futuro e, se a mudança for necessária, como você a fará. Não comece a experimentar até ter as respostas para todas essas três perguntas.

Finalmente, lembre-se de que qualquer organização de porte médio ou maior, provavelmente consiste de várias subculturas. Tal cenário pode ajudar a desenvolver espírito de equipe, mas todas as subculturas devem contribuir para o bem-estar da organização, e não para enfraquecê-lo. Lembre-se de que, para mudar a cultura da organização, você talvez tenha de mudar apenas uma subcultura poderosa.

PARTE 6

COMO GERENCIAR MUDANÇA

PALAVRAS INICIAIS

A pergunta "Como comer um elefante?" é habitualmente respondida por "Um pedaço por vez". (Não fiquem zangados; eu gosto de elefantes tanto quanto vocês.) Mas essa resposta nunca foi mais correta quando se refere à abordagem que você precisa adotar para executar uma mudança bem-sucedida. Mudança é um processo longo e moroso que não pode ser imposto à força. A pressa custará um preço elevado.

Toda mudança evoca as emoções de medo e pânico, bem como de entusiasmo e expectativa. Cada um percebe mudanças de modo diferente. O que é novo e estimulante para uma pessoa é aterrorizante para outra. Também são diferentes as capacidades que elas têm de enfrentar o desconhecido e lidar com a incerteza que a mudança traz. Nunca me passou pela cabeça tratar nesta seção de todas as questões que você enfrentará ao gerenciar um processo de mudança. O que pretendo fazer aqui é ajudá-lo a entender melhor os problemas que as pessoas têm em diferentes estágios no processo e lhe dar algumas ideias úteis que o ajudarão a gerenciar pessoas sob tensão.

A única mensagem que se destaca de todas as outras é a necessidade de boa comunicação durante períodos de mudança. Boa comunicação exige que os gestores passem mais tempo ouvindo do que falando com seu pessoal. Como fazem os ingleses em terras estrangeiras, muitos gestores acham que, se falarem D-E-V-A-G-A-R e em V-O-Z A-L-T-A o suficiente, todos entenderão.

Como exemplo do que acontece se você interpretar erroneamente as tendências externas, considere o seguinte: os desenvolvimentos na tecnologia da informação criaram um mundo no qual, as pessoas se comunicam em um nível que jamais sonharam ser possível há menos de uma década, e fortunas foram ganhas e perdidas com TI nos últimos 40 anos. Então, é uma vergonha para o jovem estudante de computação da década de 1970 ter desprezado uma carreira em TI, alegando que os computadores eram apenas "um raio passageiro" e que uma carreira em TI não era promissora. Bom, eu só tinha 21 anos naquela época.

A mudança trata do que está acontecendo ao seu redor, e você precisa reexaminar constantemente o seu ambiente externo e interno em busca de tendências que possam causar impacto a você e à sua organização.

Sempre faça uma avaliação posterior de qualquer mudança, e faça isso independentemente do resultado. Saber por que algo funcionou bem é tão valioso quanto saber por que falhou. Então você poderá usar a informação colhida em seu próximo projeto de mudança.

TEORIA 48 O CICLO DE MUDANÇA DE KÜBLER-ROSS

Use para acompanhar a jornada das pessoas quando passam por qualquer mudança significativa e lembre-se de que, até que todas cheguem ao estágio de aceitação, a sua tarefa não terminou.

A intenção do ciclo de mudança em cinco estágios de Elisabeth Kübler-Ross era ajudar as pessoas a lidarem com o luto, mas, desde então, esse ciclo tem sido adaptado para refletir os estágios em quaisquer grandes mudanças, incluindo as que ocorrem no trabalho.

Negação: esse é o estágio inicial de entorpecimento e choque que provoca um sentimento de descrença. Pode produzir uma recusa consciente ou inconsciente de aceitar o que está acontecendo.

Raiva: quando a aceitação da realidade ocorre, a negação se transforma em raiva, seja por autorrecriminação ou por raiva dos outros.

Negociação: pretende resolver o problema enfrentado pela pessoa ou adiar o inevitável.

Depressão: esse estágio é alcançado se a negociação falhou e é nesse ponto que a realidade da situação se instala e emoções como tristeza, pesar e perda são sentidas.

Aceitação: lidar com tristeza e pesar é um pré-requisito necessário para a aceitação. A aceitação é alcançada tão logo o indivíduo perceba que a mudança é permanente.

Kübler-Ross adverte que as pessoas não passam pelos estágios de uma maneira bem ordenada e sequencial. Elas podem parar em algum estágio particular ou, até mesmo, voltar a um estágio anterior. Tal regressão pode ser uma parte essencial do processo antes de alcançar o estágio definitivo da aceitação.

COMO USAR

- Discuta a mudança proposta com o pessoal o mais cedo possível. Isso lhes dará um sentido de propriedade e controle sobre os eventos e desenvolverá confiança entre você e eles.
- Lembre-se de que a mudança pode ser empolgante para você, mas para muitos é aterradora. As pessoas temem o que não conhecem e preocupam-se com a possibilidade de perder status e não conseguir enfrentar o mundo novo *(veja a Teoria 23)*. Para ajudar o pessoal a superar seus medos, dê apoio em todos os estágios do processo, criando oportunidades para o pessoal discutir seus medos, opções e oportunidades com você ou com outro supervisor.
- Lembre-se de que as pessoas passam pelo ciclo de mudança com velocidades diferentes. Elas podem até mesmo parar em algum estágio específico ou voltar a um estágio anterior, dependendo dos eventos. Fique atendo a tais pessoas e ofereça apoio e assistência.
- Comunique-se com o pessoal de todos os modos que puder. Não restrinja comunicações a reuniões formais. Use MBWA (*veja a Teoria 10*) para descobrir o que o pessoal sente e pensa. Responda às perguntas completamente. Se você não souber a resposta diga "Responderei em 24 horas". Sempre cumpra suas promessas e não tente escapar de um problema com subterfúgios.O pessoal não confiará em gestores que ganham a vida menosprezando os outros.
- Nomeie algumas pessoas da linha de frente como defensores da mudança (*veja a Teoria 53*). Elas podem responder a perguntas com presteza, impedir a disseminação de boatos e informações errôneas e agir como um elo entre você e a linha de frente.
- Permita que o pessoal discuta abertamente seus receios e preocupações e dê-lhe treinamento o mais cedo possível. Isso reduzirá o medo do desconhecido e desenvolverá confiança.

PERGUNTAS A FAZER

- A quem eu posso recorrer se precisar de ajuda e apoio?
- Quais serão meus prováveis oponentes?

TEORIA 49 O MODELO PLANEJAR – EXECUTAR – VERIFICAR – AGIR (PLAN – DO – CHECK– ACT – PDCA) DE SHEWHART

Use esse modelo como base para qualquer evento de mudança.

Walter Shewhart desenvolveu seu modelo na década de 1930, que foi amplamente usado por Deming (*veja a Teoria 68*) e muitos outros para implementar programas de melhoria de qualidade. Todavia, o modelo pode ser aplicado a inúmeras situações empresariais. O ciclo é uma abordagem sistemática que enfatiza que qualquer mudança em um sistema ou processo, não importando se grande ou pequena, deve passar por quatro estágios.

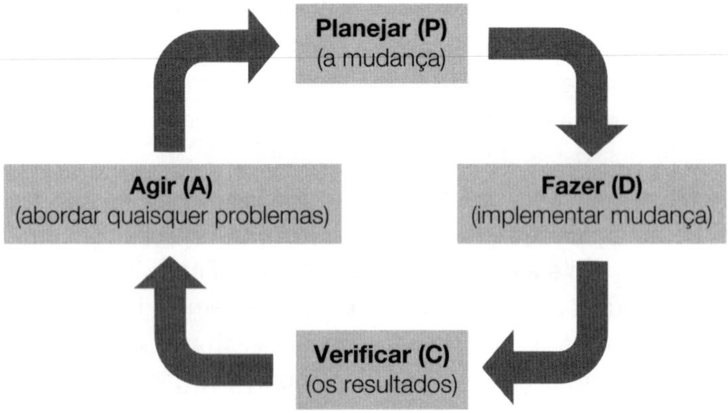

O ciclo de Shewhart permite que os gestores prevejam e ataquem problemas de uma maneira estruturada, disciplinada, lógica e sequencial.

COMO USAR

- Use ferramentas de avaliação, como a espinha de peixe de Ishikawa ou a análise de Pareto (*veja as Teorias 72 e 81*), para determinar as necessidades que precisam ser melhoradas e identificar possíveis soluções. Envolva outros no processo de planejamento e não tenha medo se algum pensamento muito otimista ocorrer. Afinal, quem teria pensado que instalar pedaços de vidro colorido no meio das estradas salvaria milhares de vidas? Mas não caia na armadilha da paralisia provocada por análise.
- Tão logo você tenha alguma ideia do que quer fazer, execute alguns experimentos em pequena escala para testar se as mudanças funcionarão ou não. Conduza seus experimentos com pequenos grupos de modo a minimizar transtornos, e comunique-se com o pessoal antes, durante e depois do experimento.
- Verifique se as mudanças de pequena escala alcançaram o resultado desejado. Se alcançaram, então passe para o estágio Fazer e implemente a sua mudança. Se não alcançaram, não tenha medo de admitir o fracasso, aprenda com o que aconteceu, volte ao estágio Planejar e comece a pensar em soluções alternativas.
- Verifique/avalie o impacto da mudança que você efetuou. Use o que constatou para identificar quaisquer problemas/fraquezas naquilo que fez, e tome providências (aja) para corrigi-los.
- Lembre-se de que mudança envolve risco. Tenha a coragem de fazer o que você acha que precisa ser feito. Não há nada mais destrutivo para o moral do pessoal que ver tempo e esforço desperdiçados por gestores demasiadamente temerosos em adotar uma ótima ideia.

PERGUNTAS A FAZER

- Qual é o grau de detalhamento e realismo do meu plano de mudança?
- O plano pode ser executado com as capacidades e os recursos de que disponho?

TEORIA 50 O MODELO DESCONGELAR – MUDAR – RECONGELAR DE LEWIN

Use para lembrar-se de que você precisa reduzir a resistência do pessoal à mudança, desafiando (descongelando) as atuais visões arraigadas antes de partir para a implementação da mudança.

Kurt Lewin produziu um dos modelos que são pedras fundamentais do gerenciamento de mudança. Ele usa a analogia de mudar a forma de um bloco de gelo de um cubo para um cone para descrever o modelo. Para tal, em primeiro lugar você precisa derreter o cubo de gelo (descongelar), em seguida moldar o novo formato (mudança) antes de finalmente solidificar o cone (recongelar).

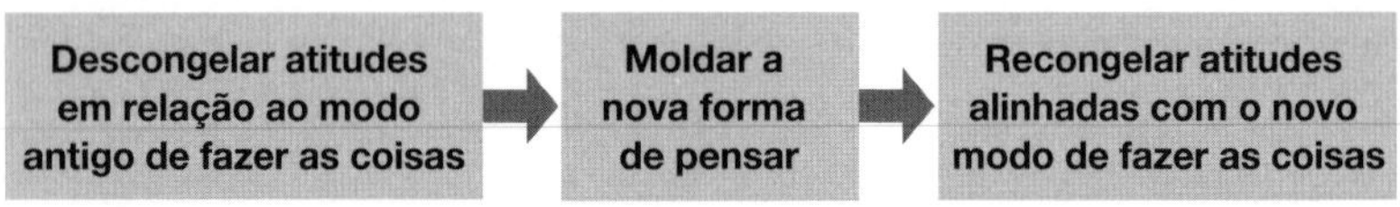

Lewin argumenta que, seguindo esse processo de três etapas, você motivará as pessoas a querer mudar, lhes dará o poder de contribuir para o processo de mudança e finalmente restabelecerá um senso de estabilidade dentro da organização.

COMO USAR

- Tanto antes quanto durante qualquer processo de mudança, esteja preparado para desafiar as crenças, os valores e os comportamentos que podem inibir a mudança.
- Antes de iniciar o processo de descongelamento, identifique quais mudanças você quer fazer e por que elas são necessárias (*veja a Parte 7*).
- Conquiste o apoio de pessoas fundamentais em todos os níveis da organização criando um argumento convincente em favor da mudança (*veja a Teoria 55*). Você talvez tenha de variar o argumento, dependendo da pessoa com quem está falando. Os responsáveis pelo dinheiro vão querer ver ganhos financeiros, enquanto os responsáveis pelos recursos humanos vão querer ver um impacto positivo sobre o pessoal. Melhores condições de trabalho serão música para os ouvidos do pessoal e dos sindicatos.
- Mantenha o pessoal informado do progresso em cada etapa ao longo do caminho. Isso motivará os entusiastas e o ajudará a lidar com os medos racionais e irracionais dos preocupados (*veja as Teorias 10 e 48*).
- Entender os benefícios que a mudança trará é um fator crítico para fazer o processo de mudança caminhar. Apoie as pessoas enquanto elas incorporam as mudanças em suas práticas de trabalho diárias. Somente quando as mudanças estiverem em vigor, e você sentir-se confiante de que elas trarão benefícios de longo prazo para a organização, é que você deve iniciar o processo de recongelamento.

PERGUNTAS A FAZER

- Para criar comentários positivos sobre o projeto, quais novidades posso promover, como boas novas para o pessoal e para a organização?
- Quais respostas usarei para combater argumentos negativos contra a mudança vindos de interessados, do pessoal, de colegas e de gestores de alto nível?

TEORIA 51 A ANÁLISE DO CAMPO DE FORÇA DE LEWIN

Use o conhecimento anterior da questão para identificar as forças em jogo que apoiam ou resistem à mudança e para desenvolver a estratégia para dar impulso à mudança.

Como outros aspectos do trabalho de Kurt Lewin (*veja a Teoria 50*) a ideia básica que fundamenta a análise do campo de força é simples: é somente em sua aplicação que podemos verdadeiramente apreciar quão profunda é a ideia dele. A análise de Lewin envolve identificar dois conjuntos de fatores, os que apoiam a mudança (propulsores) e os que se opõem a ela (restritivos). Determinando a força de cada fator é possível "calcular" se uma mudança será provavelmente bem-sucedida ou não.

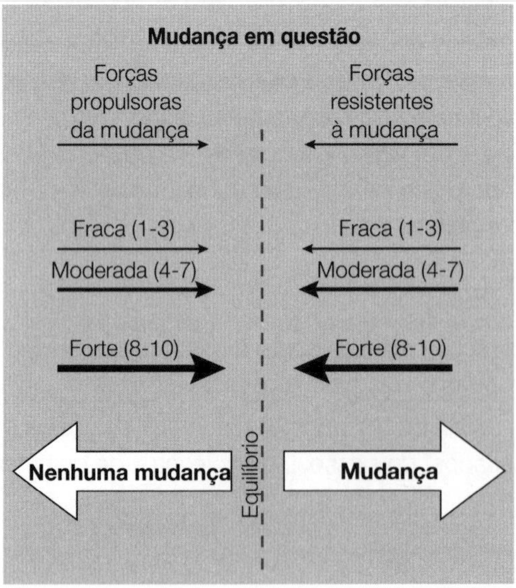

Representar a força pela espessura da seta ou dar notas a cada uma o ajudará na análise.

COMO USAR

- Reúna uma equipe de quatro ou cinco pessoas para ajudá-lo a identificar as forças propulsoras e resistentes à mudança (*veja a Parte 4*).
- Não se preocupe se uma mesma questão for considerada propulsora por alguns e resistente por outros. Isso se deve à perspectiva individual.
- Pegue uma folha de papel A3. Descreva a mudança proposta e a registre em uma célula — na parte de cima, no meio da folha. Trace uma reta de baixo para cima no centro da folha.
- Escreva os propulsores da mudança na coluna do lado esquerdo e as resistências à mudança na coluna do lado direito. Você pode usar uma análise SWOT e/ou PEST para tal (*veja as Teorias 65 e 66*).
- Dê notas a cada força. Por exemplo, atribua uma nota de 1 (fraca) a 10 (forte) a cada força propulsora/de resistência. Para conseguir melhor efeito visual, desenhe setas horizontais para cada força propulsora/de resistência dirigidas à linha vertical central (quanto mais espessa a reta, maior a força).
- É claro que a nota atribuída a cada fator é subjetiva. É por isso que você deve envolver outras pessoas. Discuta a intensidade de cada força propulsora/de resistência e concorde com alguma nota única ou calcule a média das notas dadas pela equipe.
- Some as notas de cada lado da linha vertical. Uma rápida olhada lhe dirá se a mudança é um fato consumado (forças propulsoras ganham de longe das forças de resistência), uma empreitada destinada ao fracasso (forças de resistência ganham de longe das forças propulsoras) ou uma decisão difícil (há pouca diferença entre as duas).
- Se os resultados de um lado e de outro forem muito semelhantes, e você ainda quiser prosseguir com a mudança, então desenvolva uma estratégia que o habilitará a aumentar a intensidade das forças positivas, diminuir a das forças de resistência, ou fazer ambas as coisas.

PERGUNTAS A FAZER

- Quem pode me ajudar a identificar as forças propulsoras e as forças de resistência?
- Eu selecionei defensores e oponentes da mudança na equipe?

TEORIA 52 A ABORDAGEM DE OITO ETAPAS DA MUDANÇA DE KOTTER

Use para compreender que construir bases adequadas para a mudança é essencial. Não se apresse.

John Kotter argumentou que 70% de todos os grandes programas de mudança falharam em razão da falta de planejamento cuidadoso, e propôs um processo de oito etapas para lidar com isso.

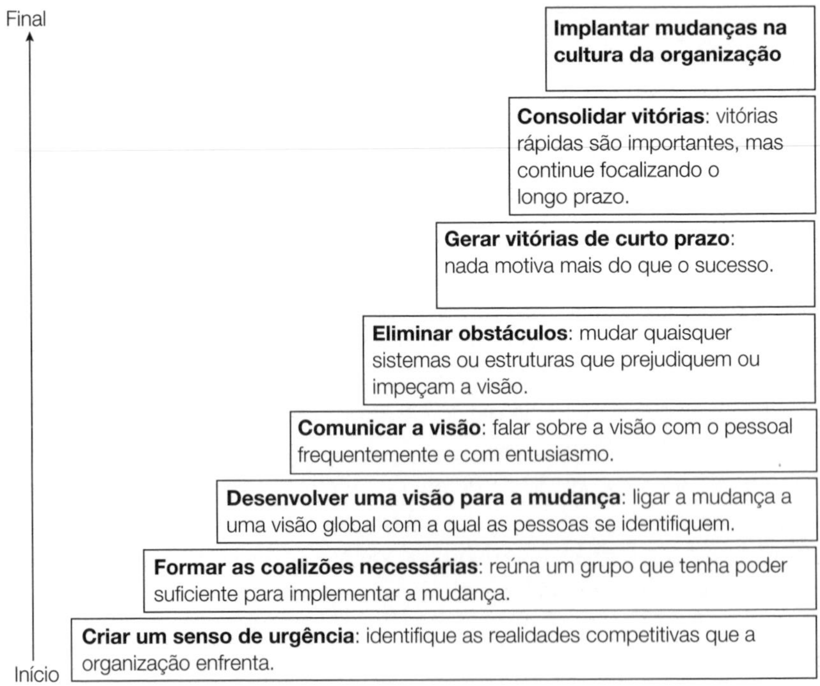

Kotter salienta que trabalho árduo, planejamento cuidadoso e construção de bases adequadas para a mudança é essencial para aumentar as chances de um programa de gerenciamento de mudança efetivo.

COMO USAR

- Converse com todos os afetados pela mudança sobre as implicações de não aproveitar oportunidades ou de não lidar com as ameaças enfrentadas pela organização (*veja as Teorias 65 e 66*).
- O apoio da gerência de alto escalão é essencial para qualquer mudança (*veja a Teoria 55*). Identifique quem são eles e conquiste-os.
- Você terá de expor claramente a sua visão (*veja as Teorias 20 a 22*) a muitas pessoas em diferentes níveis da organização, e expressar a mudança em uma única frase. Lembre-se de que está vendendo a visão, e não os detalhes.
- Não se preocupe se nem todos concordarem sobre o que a visão é para eles. Aborde as preocupações e ansiedades das pessoas por meio de boa comunicação e treinamento. Tente tudo o que puder para conseguir sua adesão, mas se todos os seus esforços falharem, você talvez tenha de excluí-los do processo.
- Tente obter algumas vitórias baratas e rápidas, que são tiros certeiros. Recompense as pessoas que o ajudaram a conquistar essas vitórias, mas tenha o cuidado de não anunciar mudanças bem-sucedidas muito cedo. Citando Churchill, vitórias rápidas não são o começo do fim, mas meramente o fim do começo.
- Quando você realmente alcançar o sucesso, elogie o feito e não se esqueça de reconhecer adequadamente a contribuição de cada um.

PERGUNTAS A FAZER

- Meu plano de mudança leva em conta todos os oito estágios?
- Como anunciarei vitórias rápidas?

TEORIA 53 MOSS KANTER E MESTRES DA MUDANÇA (COROA DE RAINHA)

Use para identificar as capacidades de que necessita quando gerencia mudanças.

Rosabeth Moss Kanter é considerada, com razão, uma das grandes inovadoras da teoria da mudança. Ela usa o termo Mestres da Mudança para descrever gestores que estão na linha de frente da mudança em suas organizações, e sugere que todos eles compartilham as mesmas sete habilidades.

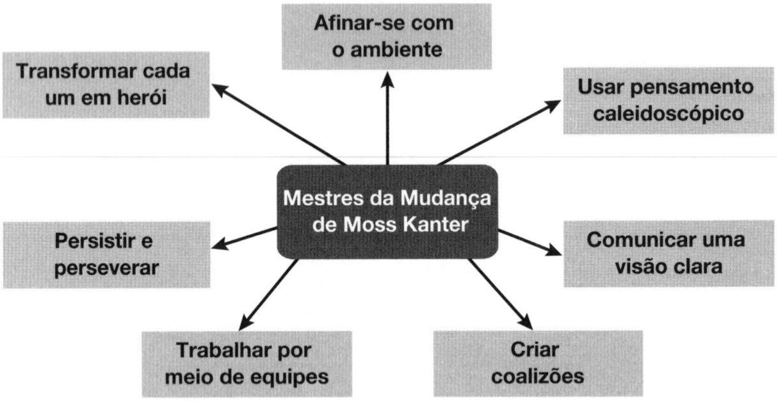

Mestres da mudança:

- **afinam-se com o ambiente** e identificam novas oportunidades, ameaças e ideias antes do outros;
- **usam pensamento caleidoscópico** e incentivam o pessoal a ter pensamentos muito otimistas;
- **comunicam uma visão clara** e inspiram os outros a se entusiasmarem com sua visão;
- **criam coalizões** e conquistam o apoio de outros;
- **trabalham por meio de equipes** e obtêm a adesão de todos cujos esforços são exigidos para transformar a visão em realidade;
- **persistem e perseveram**, não desanimando com obstáculos e problemas;
- **transformam cada um em herói**, elogiando realizações e reconhecendo todas as contribuições que ajudaram a fazer a mudança funcionar.

Moss Kanter argumenta que mestres da mudança efetivos devem, em primeiro lugar, focalizar tarefas nas quais a ênfase recai sobre resultados, e não procedimentos; em segundo lugar, devem organizar as pessoas em equipes, com responsabilidade total sobre a parte que lhes cabe na obtenção do produto final, e, por fim, criar uma atmosfera que enfatiza o valor das pessoas envolvidas.

COMO USAR

- Trabalhe com um pequeno grupo de pessoas para examinar as novas ideias, oportunidades e ameaças que a organização enfrenta (*veja as Teorias 65 e 66*). Incentive a equipe a ter pensamentos bem otimistas e a desafiar pressupostos que atrapalhem o progresso. Converse com outros membros do seu pessoal sobre o que eles acham que precisa ser mudado. Não se esqueça de agradecer por todas as ideias.
- Identifique as mudanças que precisam ser feitas e monte o seu plano de mudança (*veja a Parte 7*).
- Comunique uma visão clara para a mudança e use-a para inspirar outras pessoas e, ao mesmo tempo, criar coalizões e obter o apoio dessas outras pessoas (*veja a Teoria 55*).
- Se o projeto for grande, organize as pessoas em subequipes e dê-lhes total responsabilidade sobre a parte que lhes cabe na tarefa.
- Se você tiver somente uma equipe, assegure-se de que os membros adotem o projeto como deles e não esperem que você seja responsável por tudo. Eles têm de aceitar a responsabilidade pela parte que lhes cabe no projeto (*veja a Parte 4*).
- No início, ponha em foco tarefas que produzam resultados concretos, e não procedimentos. Isso dará à equipe algo tangível para celebrar, e enfraquecerá os duvidosos.
- Não se desencoraje com obstáculos e problemas. Gerenciar a parte do meio de qualquer projeto é difícil. A mudança está em curso, quando, de repente, não há mais recursos, surgem obstáculos e os críticos aparecem como cupins na madeira. O moral diminui e o impulso perde a força. É hora de seguir o conselho de Churchill: "Continuem lutando".
- Ao final, elogie as realizações de cada um e agradeça por todas as contribuições que fizeram a mudança funcionar.

PERGUNTAS A FAZER

- Como vou criar uma atmosfera na qual os membros da equipe se sintam valorizados?
- Qual das sete atividades listadas por Moss Kanter será a mais difícil? O que devo fazer para lidar com isso?

TEORIA 54 OS PROPULSORES DA MUDANÇA DE BURKE–LITWIN

Use essa teoria como um ponto de partida para identificar e entender as diferentes dimensões que você tem de levar em conta se quiser planejar e implementar uma mudança bem-sucedida.

O modelo de mudança de Warner Burke e George Litwin examina 12 dimensões organizacionais que são fundamentais para a mudança. As dimensões são organizadas em quatro níveis e cada uma é explorada por meio de uma série de perguntas. Não conseguir lidar com o conteúdo de cada dimensão impedirá ou paralisará a mudança.

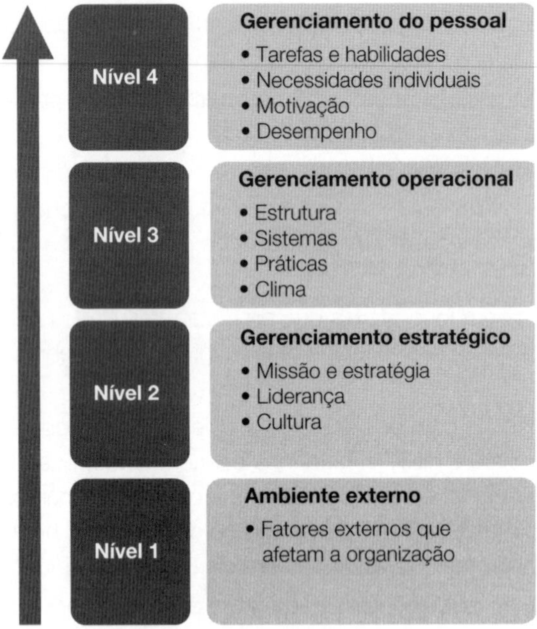

COMO USAR

Essa teoria requer que você faça uma série de perguntas em cada nível. Tomando como base as respostas recebidas você deve decidir qual mudança é necessária, e desenvolver uma estratégia de implementação adequada. As perguntas a seguir são apenas lembretes. Você precisa desenvolver perguntas específicas para a sua organização sob cada título.

- **Nível 1 O ambiente**: Quais são os desenvolvimentos políticos, econômicos, sociais e tecnológicos que sugerem mudança (*veja a Teoria 66*)?
- **Nível 2 Gerenciamento estratégico**: Como a mudança se ajusta à visão e à missão da organização (*veja a Parte 7*)? Quem está a favor da mudança? As crenças, valores e pressupostos da organização adotam ou rejeitam a mudança (*veja a Parte 5*)?
- **Nível 3 Gerenciamento operacional**: As várias bases de poder na organização apoiam a mudança (*veja a Teoria 55 e Parte 9*)? As políticas e procedimentos da organização apoiam a mudança? As práticas de trabalho atuais apoiam a mudança? O pessoal é receptivo à mudança?
- **Nível 4 Gerenciamento de pessoal**: O pessoal tem as habilidades para apoiar a mudança? A mudança abordará as necessidades organizacionais e também as individuais? O pessoal está suficientemente motivado para fazer a mudança funcionar e ter um bom desempenho no longo prazo? (*veja a Parte 3*)?

Assim que tiver as respostas a essas perguntas, você poderá começar a planejar sua mudança.

PERGUNTAS A FAZER

- Quais são as perguntas específicas, relevantes para a minha organização, que eu preciso fazer sob cada título?
- Quem pode me ajudar a identificar e responder as perguntas?

TEORIA 55 TEORIA DO LADO SOMBRIO DE EGAN

Use para desenvolver estratégias para lidar com os diferentes interessados que podem apoiar ou atrapalhar seus planos de mudança.

Gerard Egan argumenta que é preciso adotar abordagens diferentes para lidar com os diferentes interessados existentes em uma organização. Ele categoriza os interessados do seguinte modo:

PERSONALIDADES NAS QUAIS SE DEVE PRESTAR ATENÇÃO, NA TEORIA DO LADO SOMBRIO, DE EGAN

Aliados: aqueles que, com suficiente incentivo, o apoiarão.
Companheiros de viagem: aqueles que apoiam a mudança, mas não necessariamente você.
Os que ficam em cima do muro: aqueles cuja lealdade não é clara, nem mesmo para eles mesmos.
Canhões desgovernados: aqueles que você não tem a mínima ideia para que lado irão.
Oponentes: aqueles que estão contra o programa de mudança, mas não têm nada contra você pessoalmente.
Adversários: aqueles que estão contra você e contra o projeto de mudança.
Companheiros de cama: aqueles que apoiam o programa, mas podem não confiar em você.
Os que não têm voz: aqueles que têm pouco ou nenhum poder para apoiar ou se opor ao programa de mudança.
Parceiros: os que apoiam o projeto de mudança.

Egan descreve trabalhar no "lado sombrio" como um modo de lidar com interessados com os quais não é possível tratar usando as práticas usuais da organização. Parceiros e Aliados precisam ser mantidos do nosso lado, ao passo que Oponentes e Adversários talvez tenham de ser desacreditados ou marginalizados. Os que ficam em cima do muro e os que não têm voz devem ser seduzidos para garantir que não passem para o outro lado.

COMO USAR

- Reconheça o papel que os interessados da organização desempenham no sucesso de importantes eventos de mudança.
- Reconheça que essa teoria concerne à política organizacional (*veja a Parte 9*) e que se você não for esperto em questões de política, será "eliminado" pelos que sabem jogar melhor.
- Identifique e faça questão de conhecer os principais interessados na sua organização. Faça isso, mesmo que não tenha nenhuma esperança de fazer uma mudança no futuro próximo. Identifique o poder, a influência e os interesses que cada interessado tem.
- Identifique os interessados que poderiam causar impacto sobre o seu projeto. Ordene-os em termos do possível impacto. O interessado que tem pouco poder e pouco interesse não precisa que você lhe dedique muito do seu tempo. São os que têm grande poder e alto interesse que você tem de conquistar e desenvolver como aliados (*veja a Teoria 62*).
- Continue a observar cuidadosamente os outros e os informe regularmente, mas lembre-se sempre de quais são as suas próprias prioridades.
- Procure saber o que cada interessado acha do seu programa de mudança e de você pessoalmente. Isso o ajudará a lidar com eles. Socializar com pessoas das quais você particularmente não gosta pode ser uma tarefa inglória, mas a cervejinha ocasional fora do ambiente de trabalho pode lhe poupar horas de trabalho no escritório e em reuniões formais.
- Lembre-se de que, à medida que se desenrola, o projeto de mudança afetará mais pessoas. Ao focalizar Oponentes e Adversários, não perca de vista a importância de consolidar seus Parceiros e Aliados.
- À medida que a mudança progride, monitore o que os canhões desgovernados, os que estão em cima do muro e os que não têm voz estão fazendo. Se eles repentinamente se aliarem à oposição, isso poderá ser desastroso para você.

PERGUNTAS A FAZER

- Eu identifiquei todos os interessados ligados à mudança?
- Eu sei em quais interessados eu preciso concentrar meus esforços?

UMA PALAVRA FINAL SOBRE TEORIAS DE GERENCIAMENTO DE MUDANÇA

PORQUE DRUCKER FOI COROADO O REI DAS TEORIAS DE GERENCIAMENTO?

Eu adoro a teoria do lado sombrio de Egan. Ela tem um toque fantasioso de James Bond que me agrada e aborda uma área complexa de um modo claro e coerente, mas Rosabeth Moss Kanter é quem leva a coroa.

A teoria de Moss Kanter é, na verdade, duas teorias pelo preço de uma. Leia a lista de habilidades que um agente de mudança deve ter e poderá identificar rapidamente as áreas nas quais você precisa melhorar suas habilidades. Porém, some a isso o conselho que ela dá sobre a necessidade que um gestor tem de priorizar quando lidera mudanças e a teoria imediatamente se destacará das concorrentes. Se você tiver de ler apenas um livro sobre mudança, leia *The masters of change*, de autoria de Moss Kanter (1989).

Vale a pena lembrar que depois da morte, do divórcio ou da mudança de casa, mudar de emprego é quase tão estressante quanto pode ser. Uma grande mudança em seu emprego atual não fica muito atrás de todas essas. Não se esqueça disso ao lidar com o pessoal. Os adultos aprendem com suas experiências. Se um membro do seu pessoal teve uma má experiência com mudança, provavelmente terá medo de qualquer mudança que você propuser. Se a experiência de mudança foi animadora e bem-sucedida, eles provavelmente acharão que você está indo muito devagar e então você terá de colocar um freio. O único modo de você saber como eles se sentem é manter a boca fechada e os ouvidos abertos. Converse com o seu pessoal, não se limite a apenas falar com as pessoas, e ouça o que elas têm a dizer.

Embora possa ser tentador apressar-se a fazer a mudança e a concluí-la o mais rapidamente possível, lembre-se de que a sua velocidade depende do componente mais lento do pessoal. O Titanic estava navegando em velocidade demasiadamente alta e colidiu com um iceberg. Se você apressar a mudança é quase garantido que colidirá com o seu próprio iceberg, o que poderá ter consequências desastrosas para a sua carreira.

Embora haja certa dose de verdade quando dizemos que se você puder sonhar com algo esse algo pode ser construído, é difícil construir qualquer coisa substancial sem a ajuda de outros. Portanto, ao defender o seu programa de mudança, não se esqueça de resumir a sua visão da mudança em uma única sentença. É essa única sentença que seus ouvintes lembrarão e que, esperamos, ficará subentendida.

Você nunca poderá controlar inteiramente a mudança. Porém, se esperar que a mudança lhe seja imposta pelos eventos, não terá nenhum controle sobre ela.

Portanto, antecipe quais são as mudanças necessárias e lide com elas na ocasião que escolher e em seus próprios termos, em vez de ser levado pelos eventos.

Se você sabe que a mudança é inevitável, então parte da sua estratégia para lidar com ela deve envolver conhecer, entender e influenciar os interessados em sua organização (*veja as Teorias 55 e 62*). São eles que poderão auxiliar ou bloquear quaisquer mudanças que você deseje fazer. É mais fácil desenvolver esses relacionamentos quando você nada quer dos interessados do que quando já estiver no meio de uma mudança e desesperado pelo apoio deles. Portanto, desenvolva esses relacionamentos no início do processo de mudança.

Por fim, lembre-se de que você pode aprender tanto com seus fracassos quanto com seus sucessos.

PARTE 7

GERENCIAMENTO ESTRATÉGICO

PALAVRAS INICIAIS

Em qualquer ambiente competitivo, a diferença entre ganhar e perder é geralmente a qualidade do planejamento. A GB Cycling Team (Equipe de Ciclismo da Grã-Bretanha) é renomada pelo meticuloso planejamento de seu diretor David Brailsford. A equipe tem sido tão bem-sucedida desde que ele assumiu como treinador, que surgiram comentários maldosos em outras partes do país sobre uso de drogas e, até mesmo, minúsculos motores nos cubos das rodas. Os franceses, em particular, não conseguiam acreditar que a melhoria da Grã-Bretanha devia-se a excepcional preparação e planejamento, e em reunião com David, um dos componentes da equipe francesa o pressionou fortemente para que revelasse o segredo do sucesso da Grã-Bretanha. Farto do incessante questionamento, David deu uma olhadinha para trás, inclinou-se para a frente e sussurrou: "A verdade é que nós usamos rodas verdadeiramente redondas". Isso pareceu satisfazer o francês.

As pessoas acham difícil acreditar que um bom planejamento pode melhorar significativamente o desempenho. Entretanto, essas mesmas pessoas acreditam alegremente que o "mau planejamento produz um desempenho de m****". Há uma clara inconsistência na lógica dessas pessoas.

Não me entendam mal, o planejamento estratégico não resolverá todos os seus problemas. O planejamento nunca pode ser inteiramente exato porque envolve previsão, e ninguém pode dizer o que acontecerá amanhã, muito menos no próximo ano. Todavia, o ato de planejar requer que você pense no futuro e considere o que poderia acontecer e como você lidaria com diferentes eventualidades caso elas surgissem. Isso, por si só, já é valioso. Planejamento também lhe dá um guia para você chegar onde quer. Sim, eventos podem exigir que você tome um atalho, e estradas fechadas e engarrafamentos de tráfego podem arrasar a sua jornada. Porém, se você sabe qual é a sua destinação final, sempre poderá atualizar a sua rota mesmo que isso signifique que terá de passar por Cardiff para chegar a Londres vindo de Birmingham (se os serviços na rodovia M6 não terminarem logo, essa poderá ser a rota mais rápida).

Há dois tipos de planos com os quais você certamente estará envolvido, a saber, o plano de negócios e o plano estratégico. Um plano de negócios habitualmente abrange um período de um ano, ao passo que um plano estratégico em ação pode abranger de três a cinco anos. Pessoalmente, eu acho que qualquer plano de mais de três anos contém mais conjectura e pensamentos positivos do que informações úteis. Se você acha que não está envolvido com planejamento de negócios ou com planejamento estratégico, então eu aposto que você controla ou trabalha sob um orçamento. Bom, um orçamento é um plano de negócios com uma etiqueta de preço. E se não for, então não é um orçamento muito bom. Muito frequentemente, o orçamento comanda o plano de negócios quando o que você realmente precisa é de um plano de negócios realista que, quando custeado, se transforma no orçamento.

As teorias discutidas nesta parte o ajudarão a entender e a contribuir para o ciclo de planejamento de negócios ou estratégico em sua organização. Dependendo do nível que você ocupa na organização, algumas teorias serão mais úteis do que outras. Todavia, todas elas lhe oferecerão modos diferentes de examinar a sua organização. O conhecimento e o entendimento obtidos com isso farão de você um gestor melhor e o prepararão para ser promovido mais adiante.

Se ainda não ficou óbvio pelo que acabamos de dizer, ter uma estratégia operacional eficaz irá assegurar que as decisões que você toma no dia a dia em relação a seus clientes, concorrentes, pessoas e produtos/serviços são do melhor interesse de longo prazo da sua organização. Esse conhecimento o ajudará a tomar decisões estratégicas que são defensáveis, bem como economicamente atraentes para a sua organização.

Finalmente, para ser eficaz, uma boa estratégia deve incentivar todos na organização a trabalharem juntos de modo a atingir uma meta comum. Portanto, ela não deve ser imposta ao pessoal. Ao contrário, é preciso providenciar para que todos os níveis de pessoal contribuam para a estratégia e, ao fazê-lo, a adotem.

TEORIA 56 OS SETE ESTÁGIOS DE PLANEJAMENTO ESTRATÉGICO DE JOHNSON E SCHOLES

Use como um resumo dos principais estágios em qualquer processo de planejamento.

Gerry Johnson e Kevan Scholes sugerem que há sete estágios em qualquer processo de planejamento. Eles são:

Final

Recompensa: quando da implementação bem-sucedida do plano, reconheça os esforços de todos os envolvidos.

Controle: estabeleça um sistema para comparar desempenho real com desempenho planejado. Tome providências para corrigir desempenho insuficiente. Porém, esteja preparado para alterar o plano à luz de mudanças de condições.

Ações e tarefas: identifique as etapas que indivíduos e equipes devem percorrer para concluir e executar a estratégia.

Estratégias: identifique as ações que devem ser executadas para alcançar os objetivos.

Objetivos: desmembre as metas em objetivos específicos e mensuráveis que possam ser monitorados.

Metas: identifique as metas que devem ser alcançadas para que a organização concretize sua visão.

Missão: identifique a visão da organização. O que ela pretende conseguir?

Início

COMO USAR

- Use a abordagem de sete estágios como uma visão geral valiosa dos estágios pelos quais você precisa passar se quiser produzir um plano abrangente e bem pensado.
- Diferentes autores definem os termos alvos, metas e objetivos de modos diferentes, e outros intercambiam indiferentemente esses termos. Sempre garanta que, em qualquer conversação ou reunião, todos compartilham um conjunto comum de definições.
- Identifique a abordagem de planejamento que a sua organização prefere — de cima para baixo ou de baixo para cima. Tendo isso como base, identifique o papel que a gerência quer que você desempenhe (*veja as Teorias 57 a 59*).
- Abordagens de cima para baixo envolvem a reunião a portas fechadas de gestores de alto escalão e uns poucos "especialistas em planejamento" em algum lugar afastado durante uma semana e o desenvolvimento de um plano que tem pouco a ver com qualquer outra pessoa. Nesse caso, o papel do gestor de médio escalão é aceitar o que foi produzido e implementá-lo sem nada contestar. Se essa é a abordagem da sua organização, cabe a você vender o plano ao pessoal, ainda que, pessoalmente, não o apoie.
- Abordagens de baixo para cima envolvem a coleta de dados do pessoal em todos os níveis e a utilização desses dados por gestores de alto escalão e planejadores para elaborar o plano estratégico. O papel do gestor de nível médio é coletar, analisar e resumir os dados mais úteis antes de informá-los à equipe de planejamento. Você terá mais trabalho para alimentar esses dados ao plano, mas a implementação será mais fácil, visto que o pessoal percebe que suas visões foram levadas em conta.
- Seja qual for o seu papel, use uma ou duas pessoas confiáveis para ajudá-lo a prover informações e implementar o plano.

PERGUNTAS A FAZER

- Para o planejamento, eu prefiro abordagens de cima para baixo ou de baixo para cima?
- Há quaisquer diferenças entre a abordagem preferida pela organização e a minha? Caso a resposta seja positiva, como resolverei tais diferenças?

TEORIA 57 A ABORDAGEM MODERNISTA DO GERENCIAMENTO ESTRATÉGICO DE ANSOFF

Use se você fizer parte de uma organização que acredita em planejamento de cima para baixo.

É importante entender que a abordagem do gerenciamento estratégico de Igor Ansoff foi desenvolvida na década de 1960, depois de quase duas décadas de crescimento e estabilidade nos Estados Unidos. Ela baseava-se no pressuposto de que, pela análise científica de informações disponíveis, era possível identificar a direção estratégica futura da companhia e planejar de acordo com tal direção.

A ABORDAGEM MODERNISTA DO GERENCIAMENTO ESTRATÉGICO SUGERE QUE:
A gerência de alto escalão, auxiliada por planejadores especialistas, é responsável pela análise das perspectivas atuais e futuras da organização e pelo desenvolvimento de um plano estratégico.
Os resultados do processo de planejamento podem ser acurados durante um ciclo de três a dez anos, mas essa precisão diminui à medida que o horizonte de planejamento estende-se ainda mais.
Quando correm eventos inesperados, a gerência deve reagir rapidamente e atualizar o plano estratégico conforme necessário. É para defender-se do perigo do desconhecido que Ansoff argumenta que todas as organizações devem ter como alvo a habilidade de permanecerem flexíveis.
O pessoal aceitará e implementará o plano que é transmitido de cima para baixo e essa implementação ocorrerá sem dificuldade.

COMO USAR

- Identifique o paradigma de planejamento que sua organização prefere (*veja as Teorias 58 e 59*).
- Se você trabalha dentro de um paradigma modernista, considere como poderá assegurar que as informações que você e seu pessoal têm em mãos sejam passadas aos planejadores e não ignoradas pelos que "acham que sabem o que é melhor". Isso aprimorará a qualidade da informação disponível para os planejadores e protegerá a sua equipe contra más decisões tomadas em razão de má informação.
- Sabendo que a gerência de alto escalão acha que a implementação do plano finalizado não é problemática, elabore uma estratégia de implementação que motivará e apoiará o seu pessoal durante o desenrolar do plano (*veja a Parte 3*).
- Elabore, desde bem cedo, um sistema de alerta que o avisará que você precisa mudar o plano em razão de mudanças no ambiente interno ou externo (*veja as Teorias 65 a 67*).
- Tenha à mão um sistema de relatório que lhe permitirá informar suas preocupações aos responsáveis pelas modificações no plano. Esteja preparado para defender seu ponto de vista. Em geral, os planejadores abominam admitir que erraram.

PERGUNTAS A FAZER

- Eu faço parte da "elite do planejamento"? Caso a resposta seja positiva, como conquistarei o compromisso do pessoal em relação ao plano?
- Se eu não fizer parte da "elite do planejamento", como influenciarei suas decisões?

TEORIA 58 A ABORDAGEM PÓS-MODERNISTA DO GERENCIAMENTO ESTRATÉGICO DE PETERS E WATERMAN

Use se a sua organização acha que é impossível planejar para o futuro e que a tarefa do gestor é preparar o pessoal para reagir rapidamente a mudanças constantes.

Diferentemente de Ansoff, Tom Peters e Robert Waterman escreveram na década de 1980. A convulsão econômica da década de 1970, causada pelas duas crises do petróleo, pelas mudanças no panorama político e pela chegada de novas tecnologias, anunciou uma era de constante mudança.

A ABORDAGEM PÓS-MODERNISTA DO GERENCIAMENTO ESTRATÉGICO SUGERE QUE:
É impossível prever o futuro. Mudanças não podem mais ser extrapoladas a partir de eventos passados. De acordo com eles, a mudança tornou-se descontínua e imprevisível e o planejamento tem de refletir essa nova realidade.
Agora, o planejamento envolve a identificação de novas ideias e tendências, à medida que ocorrem, e a rápida mobilização dos recursos exigidos para capitalizar essas oportunidades.
O papel dos gestores de alto escalão é apoiar, desenvolver e aproveitar as ideias dos gestores de médio escalão e do pessoal da linha de frente porque somente eles estão em posição de saber quais são as carências do cliente e prever as mais recentes tendências do mercado.
Como agora eventos inesperados são a norma, as organizações têm de estar dispostas a prover fundos para lidar com as demandas dos clientes, que estão sempre mudando. Para tal, o pessoal precisa exibir flexibilidade, espontaneidade e criatividade ao reagir às demandas dos clientes e às circunstâncias do mercado em mutação.

COMO USAR

- Identifique o paradigma de planejamento que a sua organização prefere (*veja as Teorias 57 e 59*).
- Se a sua organização acredita na natureza descontínua da mudança e que o planejamento tradicional é inútil, então crie alguma certeza para você mesmo e para a sua equipe, planejando possíveis mudanças com antecedência (*veja as Teorias 65 a 67*).
- Converse com o pessoal da linha de frente, clientes, fornecedores e concorrentes para se adiantar ao que está "borbulhando" nas entranhas do mercado (*veja a Teoria 8*).
- Use planejamento de cenário (*veja a Teoria 67*) para delinear rapidamente o que você fará quando uma questão "transbordar".
- Para lidar com eventos verdadeiramente imprevisíveis, treine e desenvolva o seu pessoal para mostrar flexibilidade, espontaneidade e criatividade ao reagir a mudanças nas circunstâncias.
- Registre as ações e estratégias que você usa para reduzir o efeito da incerteza sobre o seu pessoal. Informe-as à gerência de alto escalão como um meio de disseminar boas práticas na organização (*veja a Parte 6*).

PERGUNTAS A FAZER

- As mudanças que eu enfrento agora são realmente maiores do que as enfrentadas pelos gestores entre 1914 e 1945?
- Que tipo de treinamento eu preciso oferecer ao pessoal? O treinamento tradicional em gerenciamento funcionará ou eu preciso pensar em treinamento de criatividade e na utilização de representação de papéis e simulação?

TEORIA 59 QUINN, HAMEL E PRAHALAD: A NOVA ABORDAGEM MODERNISTA

Use se a sua organização adota uma abordagem "meio termo" do planejamento estratégico.

O aparente caos que o planejamento pós-modernista implicava foi contestado por vários autores na década de 1990. Quinn, Hamel e Prahalad sugeriram que o que era preciso era um amálgama das abordagens modernistas e pós-modernistas.

A NOVA ABORDAGEM MODERNISTA DO GERENCIAMENTO ESTRATÉGICO SUGERE QUE:
A gerência de alto escalão é responsável pela liderança intelectual. Ela coleta ideias do pessoal e as combina com previsão, experimentos de pequena escala e feedback do cliente para identificar o melhor meio de seguir em frente. Ela reconhece que todos os planos são baseados em informações inadequadas e, portanto, terão de ser atualizados para refletir as mudanças ocorridas nas condições reais.
A gerência deve reconhecer que, como o pessoal tem seus próprios interesses, terá de ser totalmente envolvido na implementação de qualquer plano, e uma abordagem incrementalista é adotada durante a implementação.
Cada mudança é desmembrada em uma série de mudanças menores, e a gerência monitora como cada pequena mudança funcionou antes de implementar a próxima. Isso permite correções, quando necessário.
A crença fundamental da nova abordagem modernista é de que as organizações têm de estar prontas para o que der e vier, e lidar com isso. Essa filosofia leva à situação na qual eventos aleatórios são vistos como oportunidades de desenvolvimento para a organização.

COMO USAR

- Identifique o paradigma de planejamento que a sua organização prefere (*veja as Teorias 57 e 58*).
- Se a sua organização adotou a abordagem "meio termo" de Quinn, então trate de entender totalmente as metas de longo prazo das numerosas mudanças incrementais que você tem de implementar.
- Converse com o pessoal da linha de frente, clientes, fornecedores e concorrentes para estar sempre ombro a ombro com o que está "borbulhando" no mercado (*veja a Teoria 8*).
- Use o seu conhecimento das mudanças incrementais pretendidas para planejar uma rota que tornará a jornada mais fácil para você e para o seu pessoal.
- Para lidar com os 20% de eventos verdadeiramente imprevisíveis (*veja a Teoria 81*) treine e desenvolva o seu pessoal para demonstrar flexibilidade, espontaneidade e criatividade ao reagir às demandas dos clientes e às circunstâncias mutantes do mercado. Use simulações e representação de papéis para isso.
- Ao trabalhar com o processo de planejamento da organização, identifique quaisquer fraquezas e tente resolvê-las — e ao mesmo tempo, garanta que receberá o crédito por seus esforços.
- Se você está em posição de escolher uma abordagem de planejamento para a sua organização, então adote o novo modelo modernista como a melhor representação da realidade. Mesmo no mundo sempre em mutação de hoje, há algumas coisas que podemos predizer com quase 100% de precisão, por exemplo, que a Inglaterra sempre perderá da Alemanha nos pênaltis.

PERGUNTAS A FAZER

- Como posso equipar meu pessoal para lidar com a incerteza, a mudança e as oportunidades que elas oferecem?
- Até que ponto 80% das mudanças são previsíveis e 20% são imprevisíveis (*veja a Teoria 81*) em minha organização?

TEORIA 60 O MODELO DA MATRIZ DO BOSTON CONSULTING GROUP (COROA DE REI)

Use para identificar estratégias específicas que você pode usar quando considera o valor de produtos e serviços para a sua organização.

O Boston Consulting Group (BCG) criou uma matriz para auxiliar as organizações a decidir como alocar investimento entre seus produtos ou serviços. A matriz é dividida em quadrantes, que representam quatro grupos de produtos que podem ser identificados pelos descritores de sua posição em relação à participação de mercado e taxa de crescimento do mercado.

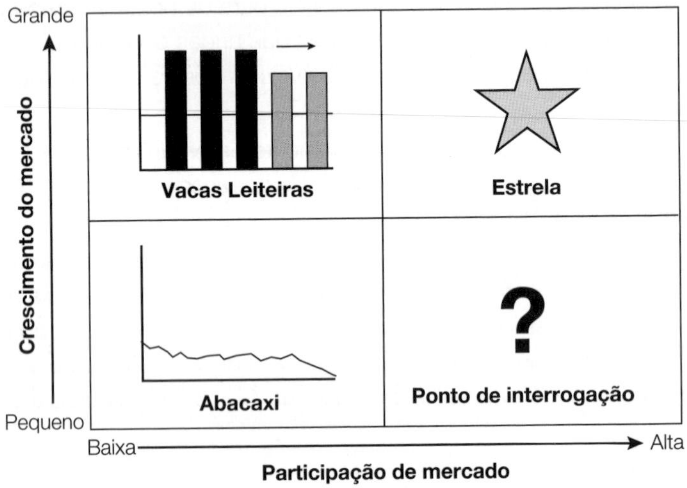

Fonte: Adaptado de BCG. *The BCG portfolio matrix from the product portfolio matrix* ©. The Boston Consulting Group, 1970.

Quando constatamos o que a matriz BCG nos mostra, há quatro estratégias possíveis que as organizações podem adotar:

- **Aumentar a participação de mercado**: investir para aumentar a participação de mercado, por exemplo, transformando um ponto de interrogação em uma estrela ou um abacaxi em uma vaca leiteira.
- **Manter a posição**: investir apenas o suficiente para manter o produto em sua condição presente.
- **Colher**: reduzir o investimento no produto, de modo a maximizar seus fluxos de caixa e lucros de curto prazo.

- **Desinvestir**: eliminar um produto do mercado vendendo-o ou extinguindo-o. Pontos de interrogação e abacaxis são os candidatos mais prováveis à eliminação. Os fundos arrecadados seriam usados para investir em pontos de interrogação e estrelas.

COMO USAR

- Use o princípio de Pareto (*veja a Teoria 81*) para identificar os produtos mais rentáveis e os menos rentáveis.
- **Estrelas** são produtos ou serviços de alto crescimento que competem em mercados onde são relativamente fortes em comparação com a concorrência. As estrelas são a categoria mais importante porque representam o seu futuro. Você precisa investir muito nelas para manter seu crescimento e maximizar retornos.
- **Vacas leiteiras** consistem de produtos ou serviços de baixo crescimento que detêm uma participação de mercado relativamente alta. São produtos maduros, bem-sucedidos, que precisam de investimentos relativamente baixos. Ordenhe suas vacas leiteiras, mas também cuide delas e não se descuide de seus clientes.
- **Pontos de interrogação** são produtos ou serviços que têm baixa participação de mercado, mas participam de mercados de alto crescimento. Eles podem ter potencial, mas exigirão investimento substancial para aumentar sua participação de mercado. É com pontos de interrogação que você realmente ganha dinheiro. Você tem de decidir quais apoiar e quais abandonar.
- **Abacaxis** referem-se a produtos cuja participação de mercado é relativamente baixa em um mercado de baixo crescimento. Os abacaxis podem gerar caixa suficiente para atingir o ponto de equilíbrio, mas raramente vale a pena investir neles. Se você trabalha exclusivamente com um produto que é classificado como um abacaxi, então saia do mercado ou aumente a participação de mercado do produto. Se você for responsável por decidir quais produtos e unidades manter, terá de decidir quais abacaxis eliminar.

PERGUNTAS A FAZER

- Eu sei quais dos meus produtos são estrelas, vacas leiteiras, pontos de interrogação e abacaxis?
- Estou emocionalmente ligado a determinado produto ou serviço, por exemplo, o primeiro produto que desenvolvi? Essa ligação interfere no meu discernimento?

TEORIA 61 O MODELO DA ESTRUTURA 7S DO MCKINSEY GROUP

Use como uma lista de verificação para definir e analisar as dimensões fundamentais de sua organização.

A estrutura 7S foi desenvolvida por Robert Waterman, Tom Peters e Julian Philips, quando trabalhavam no McKinsey Group. O modelo sugere que a força/bem-estar de qualquer organização pode ser descrita usando-se sete elementos inter-relacionados, habitualmente descritos como:

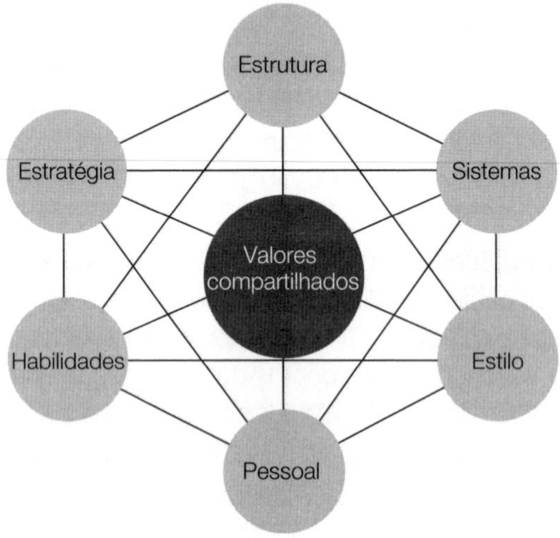

Fonte: VAN ASSEN, M.; VAN DEN BERG, G.; PIETERSMA, P. *Key management models*. 2. ed. London: Pearson/FT Prentice Hall, 2009.

Estrutura (Structure): o modo como as unidades da organização se relacionam umas com as outras: centralizada, divisões funcionais (de cima para baixo); descentralizada; matriz; ou rede.
Sistemas (Systems): os procedimentos, processos e rotinas usados para executar trabalhos importantes. Incluem os sistemas financeiros, de contratação, demissão, promoção, sistemas de avaliação de desempenho, sistemas de informação etc.
Estilo (Style): o estilo cultural da organização e o modo como gestores importantes se comportam para cumprir as metas da organização.
Pessoal (Staff): as quantidades e os tipos de pessoal dentro da organização.
Habilidades (Skills): as capacidades distintivas de indivíduos ou da organização como um todo.

Estratégia (Strategy): um plano detalhado para a alocação dos recursos escassos de uma firma, ao longo do tempo, para atingir metas identificadas.
Valores compartilhados (Shared values): o centro que interconecta o modelo do McKinsey Group são os valores compartilhados. É aquilo que a organização defende e em que acredita. São as crenças e atitudes centrais da organização.

COMO USAR

- Esse é um modelo complexo. Comece identificando os fatores contidos em cada elemento. Detalhe o mais que puder. Use mapas mentais ou listas para isso (*veja a Teoria 72*). Os seus resultados lhe darão uma percepção inestimável dos muitos elementos que estão em jogo em sua organização.
- Estude como os elementos identificados interagem e reagem com os outros elementos. Algumas das reações podem ser bem sutis, outras serão óbvias. Por exemplo, introduzir novos sistemas certamente afetará as habilidades, e poderão muito bem afetar a estrutura, o estilo e o pessoal. Podem até causar impacto sobre a estratégia. Use um mapa mental para rastrear essas conexões.
- Como em um jogo de xadrez, cada movimento que você faz mudará as forças e fraquezas relativas de cada uma das peças no tabuleiro. São essas mudanças que você deve identificar e levar em consideração.
- Seu alvo é maximizar e apressar melhorias e agir para minimizar quaisquer fraquezas que as suas ações provocarem. Você só pode fazer isso se tiver uma ideia da interação entre os elementos.
- Use diariamente para acompanhar de perto o desempenho da organização ou use para predizer/avaliar o impacto que as mudanças propostas podem causar à organização.

PERGUNTAS A FAZER

- A qual fator (se houver algum) eu e meu pessoal damos nota zero — valência, expectativa ou instrumentalidade?
- Ainda que não haja nenhuma nota zero o que eu posso fazer para mostrar ao pessoal que o bom trabalho é reconhecido e recompensado?

TEORIA 62 A TEORIA DO MAPEAMENTO DE INTERESSADOS DE JOHNSON, SCHOLES E WITTINGHAM

Use identificar interessados internos e externos que podem afetar seus planos.

Gerry Johnson, Kevan Scholes e Richard Wittingham argumentam que mapear interessados é uma ferramenta empresarial estratégica que identifica e avalia o efeito de diferentes indivíduos ou grupos de interessados na organização (*veja a Teoria 55*).

Os interessados são registrados em um gráfico que representa o nível de interesse de cada um em questões que afetam a organização em relação ao poder que eles possuem para exercer esses interesses. Desse modo, os interessados são divididos, em termos gerais, em quatro grupos:

COMO USAR

- Use em conjunto com a teoria do lado sombrio, de Egan (*veja a Teoria 55*).
- Identifique seus interessados e respectivos níveis de interesse na organização.
- Identifique aqueles que mais provavelmente afetarão ou serão afetados pelas suas decisões.
- Use as informações acima para mapear e analisar os diferentes grupos de interessados, de acordo com o nível de interesse e o poder de cada um. Então, trate de fazer-se conhecido por eles e de conquistar sua confiança. Converse com eles e tente saber o que sentem em relação a você e ao seu trabalho. Descubra o que provavelmente os motivaria a apoiá-lo ou a ficar contra você, e o que esperam de você.
- Fique de olho nos interessados que têm pouco poder e pouco interesse (os peões), mas não perca muito tempo comunicando-se com eles.
- Converse com os que têm pouco poder, mas grande interesse (os bispos). Eles podem não ter poder para influenciar decisões, mas podem ser úteis quando se trata de entrar em detalhes do seu projeto ou de convencer outros interessados.
- Dedique esforço apenas suficiente aos que têm alto poder, mas pouco interesse (as torres), de modo a mantê-los satisfeitos, mas aceite que eles não queiram se envolver com detalhes.
- Foque sua atenção nos que têm alto poder e alto interesse (as rainhas). São pessoas de cuja adesão total você precisa, se quiser executar bem a sua tarefa.
- Lembre-se de que, quanto mais ativo você for como gerente, mais pessoas afetará. É como em um jogo de xadrez no qual a quantidade de peças que você ganha ou perde afeta a qualidade do seu resultado. Sacrificar uma delas de vez em quando também pode ser importante para você ganhar ou perder.

PERGUNTAS A FAZER

- Os principais interessados ao menos sabem que eu existo?
- Como elevarei o meu perfil frente a todos os interessados?

TEORIA 63 A TEORIA DA CADEIA DE VALOR DE PORTER

Use para identificar como você pode melhorar a eficácia organizacional, melhorando a qualidade das atividades internas.

A cadeia de valor de Michael Porter é uma ferramenta de planejamento estratégico de empresas, usada para identificar onde surgem as vantagens competitivas em seu negócio. A cadeia rastreia o impacto causado a um produto ou serviço em cada um dos processos, desde o início até a entrega. Os nove estágios principais da cadeia de valor são agrupados em cinco atividades primárias e quatro atividades de apoio.

Atividades primárias	*Atividades de apoio*
Logística interna: relacionamentos com fornecedores e atividades envolvidas nos processos de recebimento, armazenagem e processamento inicial de insumos, por exemplo, matérias-primas. **Operações**: o processo de fabricação ou criação de um produto. **Logística externa**: transporte, armazenagem e distribuição do produto aos compradores. **Marketing e vendas**: criar e analisar a conscientização do cliente em relação ao produto e fornecer bens. **Serviço**: manter ou atualizar e aprimorar o produto ou serviço como consertos ou treinamento depois que o produto foi vendido e entregue.	**Infraestrutura**: hierarquia organizacional, planejamento estratégico, sistemas financeiros e de controle de qualidade. **Gerenciamento de RH**: gerenciamento de recrutamento, treinamento e desempenho. **Desenvolvimento de tecnologia**: o hardware, o software, os procedimentos e o conhecimento técnico envolvidos em todos os processos operacionais. **Suprimento**: adquirir materiais e todos os recursos.

Porter argumenta que pode ocorrer vantagem competitiva em qualquer das atividades citadas.

COMO USAR

- Seu nível de conhecimento sobre cada um desses estágios dependerá da sua experiência e do nível anterior. Para preencher as lacunas em seu conhecimento, forme uma equipe que tenha representantes de cada uma das nove atividades apresentadas na cadeia de valor.
- Examine cada atividade primária e identifique os aspectos da atividade que criam valor. Tão logo saiba onde está o valor, identifique modos de maximizá-lo. Mas tenha cuidado. Aumentos em uma área podem levar a decréscimos em outra. Por exemplo, vender mais produtos é ótimo, mas se a expedição não puder dar conta do maior volume de tráfego, provavelmente haverá um aumento no número de reclamações.
- Reveja cada atividade de apoio. Pergunte: Recursos Humanos agrega valor recrutando as pessoas certas na hora certa? TI provê treinamento e equipamento corretos? Se você for corajoso poderá perguntar: A gerência de alto escalão agrega valor à organização? Por questão de sobrevivência, seria bom você responder “sim” em público.
- Não se afunde em detalhes. Observe o quadro geral e identifique onde estão as ligações e como você pode aprimorar cada atividade, de modo a maximizar o valor para você e para seus clientes.
- Lembre-se de que o processo pode ser aplicado no âmbito geral da organização ou apenas à parte do processo que você gerencia.

PERGUNTAS A FAZER

- Se eu conhecer muito bem uma das atividades, corro o risco de dedicar demasiada atenção a ela e insuficiente às outras oito?
- Como os outros gestores reagirão à minha revisão de suas áreas de trabalho? O que eu posso fazer para trazê-los para o meu lado antes de começar o meu trabalho?

TEORIA 64 A TEORIA DAS CINCO FORÇAS DE PORTER

Use para resumir sua situação competitiva atual.

A teoria das cinco forças de Michael Porter é uma estrutura para análise organizacional e desenvolvimento de estratégia de negócios. Porter delineia cinco forças que determinam a intensidade competitiva e, portanto, a lucratividade global de um serviço ou produto.

CINCO FORÇAS DE PORTER
Ameaça de novas entrantes: mercados lucrativos que proporcionam retornos altos atrairão novas entrantes. A certa altura, isso reduzirá a lucratividade para todas as organizações nesse setor.
Ameaça de produtos ou serviços substitutos: a existência de versões melhoradas do seu produto e produtos substitutos, ou quase substitutos, aumenta a probabilidade de os clientes mudarem para as alternativas — especialmente se estas forem mais baratas ou mais fáceis de conseguir.
Poder de barganha dos clientes: a capacidade que os clientes têm de pressionar a organização, incluindo resistência à elevação de preços, aumenta quando as organizações fornecem a um pequeno número de grandes clientes.
Poder de barganha dos fornecedores: a capacidade que os fornecedores têm de cobrar preços excessivos aumenta se houver um número limitado de fornecedores no campo em questão.
Competição dentro do setor: para a maioria das organizações, a intensidade da rivalidade competitiva é a mais importante determinante da competitividade no setor.

COMO USAR

- Examine cada uma das forças, analise a resistência da sua posição competitiva atual e identifique a posição em que gostaria de estar (*veja as Teorias 65 e 66*).
- Quão fácil é para os clientes mudar de fornecedores? Esteja sempre um passo à frente da sua competição, melhorando o que você oferece ou reduzindo os preços para que a substituição não seja econômica. Tenha como objetivo dar a seus clientes o que eles não sabem que precisam, ouvindo o seu pessoal de linha de frente (*veja a Parte 8 e a Teoria 71*).
- Você tem alguns clientes muito grandes? Quão fácil seria para eles forçar a sua empresa a reduzir preços? Se você negocia com alguns clientes poderosos, eles podem lhe impor seus termos. Então, você precisa ampliar sua base de clientes.
- Quão fácil é para seus fornecedores aumentar os preços? Eles podem abusar desse poder se forem os únicos fornecedores de um produto ou serviço? É possível mudar de fornecedores? Quanto menos fornecedores você tiver, mais estará à mercê deles. Procure modos de ampliar a sua base de fornecedores. Comece com a internet. Fornecedores no exterior estão a apenas um clique de distância.
- Quão fortes são seus concorrentes? Se você tiver muitos concorrentes, e eles oferecerem produtos e serviços igualmente atraentes, então seus clientes passarão para os concorrentes se estes puderem fornecer um serviço melhor/ mais barato. Fique de olho na qualidade dos seus produtos e serviços (*veja a Parte 8*) e preços (*veja a Teoria 74*), de modo a garantir a manutenção de sua vantagem competitiva.

PERGUNTAS A FAZER

- Quando foi a última vez que eu fiz uma revisão metódica da posição competitiva da minha equipe?
- Como posso diferenciar meus produtos ou serviços dos de meus concorrentes?

TEORIA 65 A ANÁLISE SWOT

Use para resumir as forças, fraquezas, oportunidades e ameaças que a sua organização enfrenta.

Uma análise SWOT identifica as forças (strengths), fraquezas (weaknesses), oportunidades (opportunities) e ameaças (threats) que sua equipe ou organização enfrenta. Forças e fraquezas tendem a enfatizar fatores internos, enquanto oportunidades e ameaças concentram-se em questões externas. Muitas vezes a mesma questão pode ser uma força e também uma fraqueza ou uma ameaça e também uma oportunidade.

Todos os exemplos a seguir podem ser vistos como qualquer uma das duas:

Forças e fraquezas	*Oportunidades e ameaças*
Incluem: finanças atuais, fidelidade do cliente, faixa de produto, capacidades dos funcionários, a habilidade da organização de reagir a mudanças em circunstâncias, seu relacionamento com interessados e a qualidade do gerenciamento.	**Incluem**: mudanças em competição, condições econômicas dos concorrentes, condições financeiras mais folgadas, demografia dos clientes, faixa de produto, participação de mercado em declínio/em expansão, relacionamentos com interessados e tecnologia.

Infelizmente, 80% de todos os exercícios de SWOT são prejudicados por falta de rigor. Um número muito grande deles contém declarações excessivamente otimistas sobre o estado atual e o prognóstico futuro da organização. Os que mais erram são os gestores de alto escalão que vêm a "sua" organização por lentes cor-de-rosa.

Além disso, os gestores costumam não reconhecer que uma força só é uma força se der à organização uma vantagem competitiva sobre seus concorrentes. Pessoal bom e dedicado só constitui uma força se o pessoal dos seus concorrentes não for bom nem dedicado; uma oportunidade só existe se a organização tiver o compromisso, os recursos e o conhecimento técnico e especializado exigido para aproveitar tal oportunidade.

COMO USAR

- Em primeiro lugar, defina o foco da sua análise. O que você quer descobrir? Qual é o período de tempo que você quer que a análise aborde? Lembre-se de que, quanto mais tentar olhar para o futuro, menos preciso você será.
- Uma vez determinado um objetivo claro, selecione seu grupo de participantes. Escolha entre seis e oito pessoas que têm a experiência, o conhecimento e as habilidade para contribuir para o processo. Uma vez selecionado o grupo, não permita que o participante mais antigo ou que ocupa o cargo mais alto monopolize a reunião (mesmo que esse participante seja você).
- Deixe bem claro para todos que a criatividade deve preceder a avaliação crítica. Se você começar a criticar muito cedo, as pessoas se calarão. Portanto, proíba a crítica nos estágios iniciais do processo. Das declarações mais bizarras pode surgir uma grande ideia.
- Esclareça a finalidade da reunião. Apresente ao grupo uma lista de assuntos que os participantes poderiam usar para provocar discussão. Dê a todos uma boa quantidade de *post-its* nos quais poderão anotar suas ideias.
- Resuma os pontos principais anotados nos *post-its* e use esse resumo e as suas próprias anotações para compilar uma lista única de ideias. Então, submeta cada sugestão a uma análise crítica — por exemplo, qual é a evidência de que certa questão existe? Se tal evidência existir, como podemos medir seu efeito sobre a organização? Qual é a probabilidade de o evento ocorrer e que impacto causaria se ocorresse?
- Sempre examine as oportunidades à procura de ameaças ocultas e vice-versa.

PERGUNTAS A FAZER

- Quão rigoroso foi o último exercício SWOT que você promoveu?
- Eu aceitei as SWOTs sugeridas sem avaliação adequada?
- Grude os *post-its* na parede ou no quadro e agrupe ideias semelhantes.

TEORIA 66 A ANÁLISE PEST/PESTLE

Use para analisar o impacto do ambiente externo sobre a sua organização.

O processo PEST é prospectivo e se preocupa principalmente com o ambiente externo no qual a organização existe. Esse processo tenta predizer tendências políticas, econômicas, sociais e tecnológicas, que possam causar impacto futuro na organização.

Nos últimos anos, PEST transformou-se em PESTLE (PEST mais legal e ambiental — *legal* e *environmental*). Normalmente, o processo PEST/PESTLE incluiria a consideração dos seguintes exemplos:

QUESTÕES CONSIDERADAS EM UMA REVISÃO PESTLE:
Políticas, incluindo mudanças em governos após eleições, políticas financeiras e econômicas, legislação, regulações de saúde e segurança, lei trabalhista e regulações.
Mudanças econômicas, como dados de marketing, predições de crescimento econômico, níveis de emprego/desemprego, condições internas, mercados mundiais e políticas bancárias.
Tendências sociais, incluindo envelhecimento da população, mudanças no comportamento dos clientes, impacto da web, movimentos sociais e mudanças em normas sociais.
Tendências tecnológicas, incluindo gastos governamentais em pesquisa, novas descobertas e desenvolvimentos, velocidade da transferência de tecnologia, impacto de mudanças na tecnologia de informação.
Questões legais, incluindo mudanças em leis trabalhistas, de responsabilidade legal pública, leis ambientais, de saúde e segurança e leis que regulam o número de horas de trabalho.
Questões ambientais e mudança da opinião pública em relação a mudança climática, novas fontes de energia e grupos de pressão.

COMO USAR

- Defina a finalidade da sua análise PEST. O que você quer descobrir? Que período de tempo a análise abrangerá? Lembre-se de que, quanto mais tentar adivinhar o futuro, menor precisão você terá.
- Tão logo tenha confirmado os termos de referência, selecione um grupo de seis a oito pessoas entre o pessoal de alto e médio escalões e o pessoal de linha de frente (*veja a Teoria 8*). Esses escolhidos devem conhecer bem a organização e o setor de negócio em que ela opera e ser capazes de pensar estrategicamente.
- Como o grupo conterá gestores de médio e alto escalão, você terá de se precaver contra uma ou duas personalidades poderosas que tentem dominar a reunião. Se você achar que o cargo que elas ocupam pode inibir as suas ações, indique um facilitador externo para comandar o espetáculo — e os instrua muito bem.
- Para evitar distrações, faça a reunião longe do local de trabalho. Resuma para o grupo a finalidade do exercício e distribua uma lista de assuntos que os participantes poderão usar como guia. Distribua uma boa quantidade de *post-its* para que eles possam anotar suas ideias. Nesse estágio, proíba a avaliação até mesmo da sugestão mais absurda. Use as anotações nos *post-its* e as suas próprias para compilar uma lista de ideias.
- Quando a lista estiver pronta, avalie cada ideia em relação aos seguintes critérios. Qual é a probabilidade de isso acontecer? Que impacto isso causará na organização se realmente acontecer? Que estratégias e/ou recursos são necessários para minimizar danos ou maximizar benefícios, caso o evento ocorra?

PERGUNTAS A FAZER

- Como lidarei com quaisquer gestores de alto escalão demasiadamente otimistas presentes no grupo?
- Como posso garantir que tanto dados quantitativos quanto qualitativos serão considerados durante as discussões (*veja a Teoria 88*)?

TEORIA 67 O PLANEJAMENTO DE CENÁRIO

Use para identificar possíveis futuros para a sua organização ou equipe, e planeje como lidar com eles.

Planejamento de cenário é tão velho quanto a espécie humana. Envolve perguntar "O que acontecerá se?" É claro que ninguém pode predizer o futuro, mas isso nunca impediu ninguém de tentar.

A mudança não ocorre em uma linda linha reta. Ocorre em surtos e solavancos. Isso significa que é impossível extrapolar como será o futuro com base no que aconteceu hoje. Na tentativa de controlar o futuro, os gestores podem usar dados quantitativos (fatos, números, previsões), dados qualitativos (opiniões sobre o que acontecerá) ou uma combinação de ambos. A maioria dos comentaristas recomenda que previsões usem uma combinação de dados quantitativos e qualitativos, bem como um processo semelhante ao descrito a seguir.

PROCESSO DE PLANEJAMENTO DE CENÁRIO

DECIDA O HORIZONTE DE TEMPO PARA O PLANO
Identifique as questões e variáveis fundamentais e que terão a maior influência sobre a companhia.
Aprove um conjunto de pressupostos básicos que serão usados em cada cenário.
Desenvolva cenários alternativos para todas as variáveis fundamentais e eventos possíveis.
Organize uma lista com todas as combinações das variáveis fundamentais.
Rejeite cenários não plausíveis.
Anote cada um dos cenários remanescentes em um único lado de uma folha de papel.

COMO USAR

- Reúna um pequeno grupo de pessoas para considerar o que poderia acontecer no futuro. Aqui, não é uma má ideia incluir alguns fãs de ficção científica/jogos (games) no grupo (*veja as Teorias 65 e 66*).
- Planejamento de cenário é um negócio demorado; portanto focalize as questões fundamentais cruciais para a sua equipe/organização (*veja as Teorias 60, 61, 63 e 81*).
- Aborde cada questão e siga o processo delineado na página da teoria. Mas faça o que todos os bons jogadores de xadrez fazem e não perca tempo examinando todos os possíveis cenários para cada questão. Concentre-se nos 20% (*veja a Teoria 81*) que causarão o impacto mais significativo em você/em sua organização caso aconteçam.
- Agora que você tem um número administrável de cenários com os quais trabalhar, faça uma avaliação completa de cada um deles. Use uma mistura de dados quantitativos e qualitativos em sua análise e previsões (*veja a Teoria 88*).
- Lembre-se de que um evento muito improvável, caso ocorra, pode acabar com você. Portanto, precavenha-se contra tais perigos. A Toyota sofreu uma enorme perda de produção de carros depois do terremoto e do tsunami em 2010. A empresa tinha se planejado para enfrentar terremotos, mas não um tsunami.

PERGUNTAS A FAZER

- Quão bom eu sou na previsão de futuros possíveis?
- Como avaliarei e ordenarei a probabilidade de ocorrência de cada cenário?

UMA PALAVRA FINAL SOBRE TEORIAS DE GERENCIAMENTO ESTRATÉGICO

POR QUE O BOSTON CONSULTING GROUP RECEBEU A COROA DE REI

Essa foi uma escolha difícil e várias teorias poderiam ter recebido a coroa de rei. Porém, eu me lembrei do que Drucker disse: "Há somente uma definição válida da finalidade de um negócio: gerar um cliente". Clientes são gerados ao comprar os seus produtos. Portanto, a manutenção, o crescimento e o desenvolvimento da sua faixa de produtos é a chave do sucesso. A teoria do BCG oferece um modo surpreendentemente claro de analisar qualquer mix de produtos. Se você conhecer bem o seu negócio, terá pouca dificuldade de colocar cada produto no quadrante adequado e então usar o conselho dado pelo modelo para decidir o que fazer. Uma teoria simples e engenhosa.

Embora eu tenha coroado o BCG como rei, gostaria de dar um conselho. Nunca refira-se a um produto como "abacaxi" perto de alguém que não sabe o que esse termo significa. O reitor e a equipe de gerenciamento de uma universidade decidiram usar a grade BCG para analisar os cursos que oferecia. De algum modo, o resto do pessoal ficou sabendo que a gerência de alto escalão achava que alguns cursos eram "abacaxis" que precisariam ser exterminados. No dia seguinte, o sistema de e-mail estava fervendo, à medida que acadêmicos apopléticos e estudantes se queixavam dos comentários depreciativos.

Você precisa descobrir qual é o papel que a organização quer que você desempenhe no processo de planejamento. De modo geral o planejamento põe você em contato com uma ampla gama de pessoas na organização, e algumas delas podem ser capazes de ajudá-lo em sua tarefa atual ou progresso futuro. De qualquer modo, é uma oportunidade para você ser notado. Portanto, se o papel que você desempenha no planejamento é limitado, apresente-se como voluntário/negocie para desempenhar uma parte maior no processo — para o bem da organização, é claro.

Ao elaborar ou contribuir para um plano estratégico tenha em mente o seguinte:

- O planejamento trata do futuro, e ninguém sabe qual é o futuro. Portanto, qualquer plano será a sua melhor estimativa. Assim, evite perda de tempo e energia na busca da perfeição, porque tudo o que conseguirá será uma precisão espúria.
- Qualquer plano estratégico é um documento complexo, interdependente. Portanto, após cada mudança, reveja o plano inteiro à procura de eventos de forte repercussão que se propagarão por todo o plano.
- Uma fraqueza ou ameaça pode arrasar todas as forças e oportunidades da organização. De modo semelhante, uma força pode destruir todas as fraquezas

e ameaças enfrentadas pela organização. Você precisa reconhecer os "grandes animais" pelo que são, quando os encontrar.

- Dentro de qualquer ameaça há uma oportunidade e dentro de cada oportunidade uma ameaça. Alguns fabricantes de computadores na década de 1980 acreditavam que não haveria nenhum mercado para computadores pessoais e basearam seus planos estratégicos na contínua expansão do mercado de mainframes. Suas ações transformaram uma oportunidade em uma ameaça à sua sobrevivência.
- Se algo pode acontecer, acontecerá — dado tempo suficiente. Portanto, não ignore nenhuma questão. Ao contrário, faça um julgamento calculado sobre a probabilidade de algo acontecer e, com base nisso, inclua-o ou elimine-o do seu plano.

Os negócios envolvem competição, e um exercício SWOT ou PESTLE pode ajudá-lo a identificar sua vantagem competitiva. Mas não caia na armadilha de acreditar em sua própria propaganda. Muitos bancos importantes gostam de anunciar que têm uma base de clientes fiéis (que caíram na armadilha) mas eu diria que somente o First Direct Bank, que tem uma taxa de satisfação do cliente de 97% a 98% pode alegar que seus clientes fiéis são uma vantagem competitiva.

Por fim, desenvolver um plano estratégico não é fácil. O presidente da minha equipe de futebol local decidiu investir o dinheiro do clube na construção de uma nova arquibancada para habilitar o clube a desenvolver fluxos de receita advindos de grandes painéis de propaganda. Como fã em primeiro lugar, eu achava que ele devia investir na equipe. Dez anos depois, e dados os problemas financeiros de tantos clubes de futebol, eu tenho de admitir que ele estava certo. Porém, dado que cada plano estratégico requer o apoio de numerosos interessados, eu acho que o presidente não fez o suficiente para conquistar pessoas como eu, ou para minimizar o impacto de nossa oposição ao seu plano.

PARTE 8

COMO GERENCIAR QUALIDADE

PALAVRAS INICIAIS

De acordo com Phil Crosby, o estudo da qualidade tem muito em comum com sexo! Todos querem mais (sob certas condições); todos acham que o entendem (mesmo que não consigam explicá-lo); todos acham que são bons no negócio (um outro caso de delírio de adequabilidade?) e, é claro, todos achamos que quaisquer problemas são causados por outras pessoas.

É difícil ter uma discussão significativa sobre sexo, qualidade ou qualquer outra questão complexa antes de esclarecer alguns pressupostos básicos. É disso que trata este capítulo. Leia-o e você não somente entenderá muito melhor o que é qualidade, mas também terá algumas ideias úteis que poderá aplicar. Lamentavelmente, não posso afirmar que isso melhorará a sua vida sexual!

Peça a um grupo de pessoas que citem um produto de qualidade e é muito provável que elas mencionarão Rolex, Rolls Royce ou Prada. Isso porque há uma tendência de medir qualidade em termos de preço e prestígio. As implicações disso é que a maioria das pessoas, que não pode bancar tais artigos luxuosos, fica privada de qualidade. No entanto, há muitos produtos de qualidade de preço médio, como relógios Tissot e carros Skoda (que já foram sinônimos de sucata sobre rodas). O que temos de fazer é medir qualidade não em termos de preço ou prestígio, mas em relação à adequabilidade à finalidade; o produto ou serviço faz o que queremos que ele faça e é acessível em termos de preço e disponibilidade?

Eu escolhi 1980 como o ponto de partida para as teorias nesta seção porque, apesar do trabalho anterior de muitos autores, foi uma entrevista com William Edwards Deming na NBC TV, em 1980, que acendeu a chama da assim denominada revolução da qualidade. Na entrevista, perguntaram a Deming por que os Estados Unidos não conseguiam alcançar o Japão em termos de manufatura de produtos de qualidade. Ele respondeu ao público norte-americano que não sabia que o Japão estava à espera de ser alcançado.

TEORIA 68 AS SETE DOENÇAS FATAIS DE DEMING

Use para diagnosticar a doença mais provável da qual sua organização está sofrendo.

O cerne do trabalho de Deming é o que ele denomina Doenças Fatais que infectaram a indústria ocidental.

AS SETE DOENÇAS FATAIS, DE DEMING, SÃO:
Falta de objetivos constantes, que cria organizações que não têm nenhuma estratégia de longo prazo para se manter nos negócios.
Ênfase em lucros de curto prazo, que prejudica a qualidade e a produtividade.
Avaliação de desempenho baseada em sistemas de classificação por mérito ou revisões anuais, que alimenta a rivalidade intraorganizacional e destrói o trabalho de equipe.
Imobilidade da administração, que resulta na falta de entendimento da organização e na relutância em concretizar objetivos de longo prazo.
Administrar a organização tendo como base apenas números visíveis, sem conseguir reconhecer a importância de números desconhecidos e impossíveis de conhecer, como o efeito "multiplicador" de um cliente satisfeito.
Custos excessivos dos serviços de saúde dos funcionários, o que resulta em aumento do custo final de bens ou serviços (o autor referia-se aos Estados Unidos).
Custos excessivos de garantia advindos da insatisfação do cliente com bens ou serviços.

Deming argumentava que tudo isso só poderia ser atacado por gerenciamento efetivo que demonstrasse compromisso com a qualidade, comunicasse a mensagem da qualidade ao pessoal e reconhecesse a necessidade de despertar a crença da gestão na qualidade total, por meio de sua força de trabalho.

COMO USAR

- Para atacar as sete doenças fatais, desenvolva um plano que contemple onde você quer estar dentro de três a cinco anos (*veja a Parte 7*).
- Resista ao raciocínio de curto prazo, que poderia ser defendido por outros na organização. Por exemplo, reduzir os gastos com treinamento e desenvolvimento impulsionará os lucros no curto prazo. Mas em que situação isso o deixará dali a três anos?
- Pergunte a si mesmo se o sistema de desempenho em vigor premia resultados de produção ou resultados de desempenho? Resultados de produção é o que você produz, resultados de desempenho é o que os clientes acham do seu produto. Há muitos números impossíveis de aferir, por exemplo, o efeito "multiplicador" que ocorre quando um cliente satisfeito não somente compra o seu produto novamente, mas também fala desse produto a seus amigos e familiares. O fato de que é impossível aferir ou mesmo calcular tais números, não significa que você pode ignorá-los.
- Quanto a gestores que estão sempre mudando de emprego, não se preocupe com eles. Dentro de cada organização há um grupo de gestores dedicados a ela. São gestores de médio escalão, que sabem que nem sempre a grama é mais verde em outro lugar. Eles podem executar os planos de longo prazo da organização, desde que lhes seja dada a oportunidade e que não sejam tratados como dinossauros pela gerência.
- As duas últimas doenças ficaram piores em razão da sociedade afeita ao litígio que acredita que se há culpa, há uma ação judicial. Proteja o seu pessoal, a organização e a si mesmo, eliminando a causa de litígios judiciais produzindo bens de alta qualidade adequados às suas finalidades (*veja a Teoria 69*).

PERGUNTAS A FAZER

- A minha organização está infectada por alguma dessas doenças?
- Eu considero que a cura é responsabilidade de todos ou está restrita à equipe de controle de qualidade?

TEORIA 69 A TRILOGIA DA QUALIDADE DE JURAN

Use para evitar perder clientes por causa de má qualidade.

Joe Juran é um dos fundadores da Gestão da Qualidade Total (TQM). Ele foi um dos primeiros a propor a utilização de padrões de comparação (*benchmarking*) e custeio da qualidade e ajudou a popularizar o princípio de Pareto (*veja a Teoria 81*). Ele é mais lembrado pelo desenvolvimento da trilogia da qualidade, composta por três processos gerenciais. O ciclo de Shewhart permite que os gestores prevejam e ataquem problemas de uma maneira estruturada, disciplinada, lógica e sequencial.

Planejamento de qualidade identifica quem são os clientes da organização e determina as necessidades desses clientes. Então essa informação é usada para criar processos que podem produzir o produto ou serviço que satisfaça totalmente as necessidades do cliente.

Melhoria de qualidade envolve montar a infraestrutura necessária para melhorar a qualidade. A primeira etapa é identificar os principais "trabalhadores da produção" e lhes dar os recursos, o treinamento e a motivação necessários para serem efetivos/bem-sucedidos.

Controle de qualidade mede o desempenho da qualidade em relação a expectativas, identificando onde estão as falhas e agindo para retificar quaisquer deficiências.

Juran considerava que a gerência era a causa da maioria dos problemas relacionados à qualidade. Ele citava o fracasso dos gestores na identificação das necessidades dos clientes (*veja as Teorias 8 e 71)* e por não contarem com as pessoas e os processos certos para atender essas necessidades, mesmo quando identificadas como a fonte da maioria dos problemas de qualidade (*veja a Teoria 63*).

COMO USAR

- Colete dados para verificar quais atividades causam problemas, então analise--as para identificar a principal causa do problema. É fantástica a frequência da validade da regra 80–20 de Pareto (*veja a Teoria 81*). Você constatará que 80% dos seus problemas relacionados com qualidade podem ser atribuídos a aproximadamente 20% das atividades da sua organização.
- Organize uma equipe de qualidade (às vezes, denominadas Fóruns ou Círculos de Qualidade) (*veja a Parte 6*) que levará o seu programa de melhoria de qualidade para a frente. Escolha pessoas entusiasmadas com melhoria da qualidade.
- Lembre-se de que, embora você possa ser a força propulsora do projeto de melhoria de qualidade, a qualidade é uma questão de âmbito global da organização e é improvável que você consiga atacar o problema sem o apoio de outros gerentes. Forje alianças (*veja as Teorias 55 e 62*).
- Dê à equipe os recursos, o treinamento e as habilidades necessárias para executar a tarefa (*veja a Parte 4*). A provisão de recursos para programas de melhoria de qualidade pode ser dispendiosa, mas a alternativa é uma reputação de má qualidade, perda de pedidos e reclamações.
- Converse com os seus clientes sobre o que eles esperam de seus produtos/serviços. Você está satisfazendo ou, como Peters sugere, excedendo as expectativas (*veja a Teoria 71*)? Se não estiver, descubra o porquê.
- Elogie os sucessos, não importa quão pequenos sejam. O impacto cumulativo de muitas pequenas melhorias pode ser significativo e irá gerar entusiasmo para mais melhorias (*veja a Teoria 73*).

PERGUNTAS A FAZER

- Tenho alguns defensores da qualidade em minha equipe?
- Forjei alianças com outros gestores na organização, como prelúdio à implementação de um programa de qualidade?

TEORIA 70 A GRADE DE MATURIDADE DE CROSBY (COROA DE REI)

Use para entender os estágios pelos quais você e a sua equipe precisam passar para estabelecer um programa de qualidade.

Em *Quality is free* [A qualidade é grátis], Phil Crosby discutiu os custos, em termos de reclamações de garantia e más relações públicas, para as organizações, advindos da má qualidade de um bem. Ele argumentou que uma organização que estabelecesse um programa de qualidade pouparia uma quantidade de dinheiro que compensaria com folga o custo de qualquer programa desses.

O princípio fundamental da crença de Crosby era "faça certo na primeira vez", que ele achava que só era cumprido quando uma organização alcançava um nível de maturidade operacional. Para alcançar maturidade, as organizações/indivíduos passam por cinco estágios.

Sabedoria e certeza

Certeza: saber por que você não tem problemas de qualidade.

Sabedoria: acreditar no valor da prevenção de defeitos, como parte de todas as operações.

Esclarecimento: por meio de bom gerenciamento e dedicando recursos suficientes para começar a resolver problemas.

Despertar: questionar se é necessário sempre ter problemas de qualidade, mas não estar disposto a devotar os recursos exigidos para abordar o problema.

Incerteza: não saber por que você tem um problema de qualidade, criando assim uma tendência de culpar outros.

Ignorância e incerteza

Fonte: Adaptado de CROSBY, P. B. *Quality is free*: the art of making quality certain. New York: McGraw-Hill, 1978.

COMO USAR

- Forje alianças com outros gestores que estão interessados em melhorar a qualidade.
- Determine a posição em que você está e recrute o maior número possível de pessoas para que sua equipe/organização complete a Grade de Maturidade apresentada em *Quality is free*.
- Não se surpreenda se a visão geral é que você está nos estágios iniciais da maturidade. Passar da incompetência inconsciente (fazer coisas erradas sem saber) para a incompetência consciente (continuar a fazer coisas erradas, mas sabendo que as faz) é o primeiro passo que você e seu pessoal precisam dar. O segundo e o terceiro passos são aceitar que a maioria das coisas não funcionam como deveriam e que problemas geram problemas. Somente quando todos aceitam a realidade da situação é que você pode lidar com o problema.
- Antes de poder erradicar qualquer problema, é essencial que você identifique precisamente a causa do problema *(veja a Teoria 72)*. Bastam apenas alguns dados ruins para comprometer a integridade do procedimento inteiro, portanto verifique todos os dados ao recebê-los.
- Não recorra apenas a dados estatísticos em sua análise. Descubra como as pessoas se sentem em relação ao problema.
- Somente quando você entender completamente o problema, e dispuser dos recursos para resolvê-lo, é que deve entrar em ação.
- Defina os requisitos do seu cliente, determine padrões de desempenho com antecedência e, então, não permita que nada o impeça de cumpri-los.
- Uma vez instalado o novo sistema, monitore o nível de reclamações e ajuste o sistema conforme necessário.

PERGUNTAS A FAZER

- Minha equipe acha que a melhoria de qualidade é uma questão importante?
- Minha equipe acha que a melhoria de qualidade é uma tarefa ocasional ou um processo contínuo?

TEORIA 71 O MODELO DE EXCELÊNCIA DE PETERS, WATERMAN E AUSTIN

Use esse modelo para identificar os aspectos de uma organização excelente.

Tom Peters, Bob Waterman e Nancy Austin identificaram a preocupação com a produção de produtos de qualidade como um aspecto fundamental de empresas excelentes.

OS OITO PRÉ-REQUISITOS ESSENCIAIS PARA A GESTÃO DA QUALIDADE SÃO:
Propensão à ação: incentive tomada de decisão ativa, usando equipes transfuncionais, que incluem pessoal, clientes e fornecedores.
Proximidade com o cliente: habilidade para identificar o que seus clientes querem.
Autonomia e espírito empreendedor: disposição para promover a inovação e criar "defensores da qualidade" em toda a organização.
Produtividade por meio de pessoas: disposição de tratar todos os funcionários como uma fonte de qualidade e respeitá-los, envolvê-los e dar-lhes poder.
Mãos na massa, direcionada a valor: a gerência deve demonstrar seu compromisso com a qualidade o tempo todo e adotar uma filosofia de gerenciamento que reflita esse posicionamento.
Ater-se às competências: não afastar-se do negócio que a organização já conhece e para o qual tem conhecimento técnico e experiência.
Forma simples, equipe enxuta: desenvolva estruturas organizacionais com um mínimo de pessoal de alto escalão.

Em 1985, Peters e Austin resumiram sua filosofia sobre excelência como preocupação com os clientes, disposição para inovar, pessoal bem motivado e gerência e liderança dominadas pela paixão por excelência.

COMO USAR

- Ouça os seus clientes. Tente conhecê-los e saber o que eles querem. Seja sensível às mudanças em suas necessidades e procure dar o que eles querem antes mesmo que eles peçam.
- Monte uma equipe transfuncional com representantes do pessoal, dos clientes e dos fornecedores, para examinar como o seu serviço aos clientes pode ser melhorado.
- Lembre-se de que seus clientes podem ser internos ou externos.
- Apoie inovação e espírito empreendedor na organização. Identifique e alimente as pessoas que têm paixão por excelência e querem melhorar a qualidade em toda a organização.
- Considere todos os funcionários como uma fonte potencial de qualidade e, diferentemente do típico gestor cabeça-dura, centrado em tarefas (*veja as Teorias 12 e 13*), trate-os com respeito. Envolva-os no processo de decisão e dê-lhes poder para desempenhar suas tarefas. Se você fizer isso, a produtividade e a qualidade irão melhorar.
- Mostre seu compromisso com a qualidade o tempo todo e adote uma filosofia de gerenciamento que reflita essa atitude. Seja um "chefe mão na massa" e não um "senhorio ausente" (*veja as Teorias 19–22*).
- Para obter o máximo do pessoal, incentive as pessoas a usar o próprio discernimento dentro de parâmetros claramente definidos. Desde que tenha agido de boa fé, nunca critique ninguém por tentar e falhar (*veja a Parte 3*).
- Atenha-se ao que você conhece bem.
- Mantenha simples as estruturas e sistemas organizacionais. Complexidade gera trapalhada.

PERGUNTAS A FAZER

- Quem são os meus clientes?
- Quais são suas verdadeiras necessidades e expectativas?

TEORIA 72 O MODELO DE ESPINHA DE PEIXE DE ISHIKAWA

Use para analisar causa e efeito de problemas.

Kaoru Ishikawa argumenta que é importante explorar todas as coisas que podem causar um problema de qualidade antes de começar a pensar na solução. Seu modelo de espinha de peixe, desenvolvido em 1990, é um modo de analisar causa e efeito, e pode ser resumido como segue:

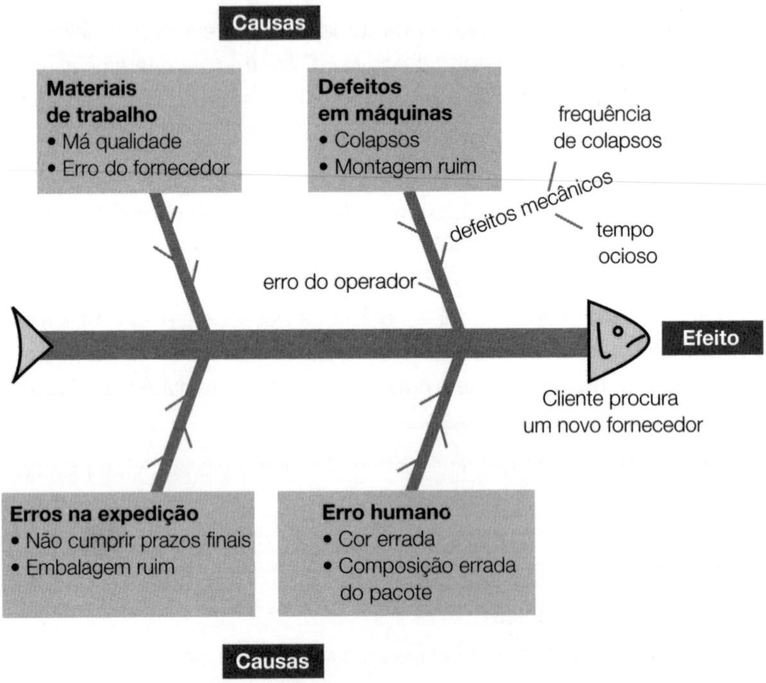

Fonte: Adaptado de ISHIKAWA, K. *Guide to quality control.* 2. ed. Tokyo: Asian Productivity Organization, 1986.

O modelo é parecido com um mapa mental e é usado para representar o problema e suas causas em forma de diagrama. A diferença entre o modelo de Ishikawa e os mapas mentais mais convencionais é que, nesse modelo, o processo é linear (melhor para quem tem bom raciocínio lógico).

COMO USAR

- Identifique e defina o seu problema. Escreva-o no retângulo do lado direito da página (em vez do retângulo, você pode desenhar uma cabeça de peixe se quiser realmente conservar o simbolismo). Então acrescente a espinha central do peixe.
- Descubra quais são os principais fatores envolvidos no problema. Use *brainstorming* para identificar o máximo de fatores relevantes que você e sua equipe puderem imaginar *(veja as Teorias 65 e 66)*. Esses fatores são os "ossos maiores" que saem diretamente da espinha central do peixe (aqueles com os quais você pode engasgar se não tiver cuidado) (veja o diagrama).
- Analise cada problema ("osso grande") e identifique o maior número de causas possíveis. Ligue essas causas ao osso grande adequado como uma série de "ossos de tamanho médio" (veja no diagrama o início da análise de defeitos em máquinas).
- Analise os resultados e continue a investigar. Se houver causas complexas, você talvez tenha de ligar "ossos pequenos" aos ossos de tamanho médio, à medida que a análise do problema se aprofunde.
- Quando terminar, não fique sentado admirando sua obra de arte — faça o que for preciso para testar e identificar quais das possíveis causas está realmente contribuindo para o problema. Quando você souber qual é o problema real, identifique e implemente uma solução viável.
- O processo não é tão complicado quanto parece. Experimente-o em um problema de trabalho que você já tenha resolvido. Aposto que aparecerão novos fatores que você não identificou na vez anterior.

PERGUNTAS A FAZER

- Eu possuo o conhecimento detalhado exigido para identificar os fatores e subfatores que poderiam estar causando o(s) problema(s)? Caso a resposta seja negativa, quem poderá me ajudar?

TEORIA 73 A TEORIA DOS 5S (KAIZEN) DO GERENCIAMENTO DE UMA CASA DE IMAI

Use para avaliar o impacto que mudanças de escala muito pequena podem ter na qualidade.

Embora Kaizen seja uma filosofia japonesa que significa mudança (*kai*) e tornar-se bom (*zen*), foi o trabalho de Masaaki Imai nas décadas de 1980 e 1990 que reinterpretou e popularizou a filosofia em termos de teoria de gestão.

Imai sugere que Kaizen é um processo contínuo de melhoria que recorre a trabalho de equipe, disciplina pessoal, boa moral, fóruns de qualidade e sugestões de melhoria. Grande parte do que ele diz pode ser descrito como um argumento para o bom gerenciamento de uma casa.

A teoria Kaizen recorre a uma mudança incremental, em vez de abrupta, e à crença de que todos os funcionários reconhecem que é de seu interesse produzir bens e serviços de alta qualidade. Isso é conseguido com a eliminação de desperdício e ineficiência (*muda*) em toda a organização.

COMO USAR

- Zen significa simplicidade e simples é a teoria. Leia-a novamente e você verá que não há nada nela que exija mais conselhos de minha parte. Porém, exatamente como ocorre com Zen, para dominar os princípios simples você precisa de determinação férrea, autodisciplina e consistência de propósitos.
- Com Kaizen você tem de fazer o que diz e servir de modelo para todo o seu pessoal. Afinal, você não pode exigir que eles mantenham suas áreas de trabalho asseadas e arrumadas, e que evitem acidentes, se o seu escritório parece uma caçamba de lixo.
- Lembre-se de que Kaizen não significa melhorar 10% apenas um aspecto da atividade de sua equipe; seu alvo é melhorar 1% cada atividade. A soma dessas minúsculas melhorias será enorme em termos de qualidade e do orgulho que a sua equipe sente em relação a seu próprio trabalho.
- Se você decidir adotar Kaizen, comece dedicando-se um pouco ao gerenciamento ambulante (*veja a Teoria 10*). Passe algum tempo no chão da fábrica ou na área de recepção para ter uma ideia de como tempo, esforço e recursos são utilizados. O que você busca são pequenas melhorias incrementais que serão fáceis de implementar e que melhorarão a qualidade. Você deve também estar alerta a boas práticas que poderá disseminar na organização.
- Para ajudar a manter o fluxo de ideias, incentive o pessoal a apresentar suas próprias ideias de melhoria. Agradeça e recompense todas as sugestões, mesmo as que você não usar.

PERGUNTAS A FAZER

- Eu tenho a autodisciplina para implementar Kaizen e continuar o programa indefinidamente?
- Como posso convencer o pessoal que com uma melhoria de 1% em cada atividade, o efeito agregado sobre a qualidade será enorme?

TEORIA 74 A MATRIZ DO PARÂMETRO DE COMPARAÇÃO (BENCHMARKING)

Use como uma estrutura para identificar melhores práticas internas e externas que você pode usar em seu ambiente.

O parâmetro de comparação (*benchmarking*) é um conceito apresentado por Frederick Taylor (*veja a Teoria 3*), no início do século XX. Ele identificava os trabalhadores excelentes com uma marca (*mark*) de giz em suas bancadas (*bench*). Essa marca indicava ao pessoal os resultados ou práticas de trabalho que deveriam ser tidas como objetivo. Esse método bastante rústico de gestão da qualidade foi refinado nos últimos 100 anos e agora é uma ferramenta sofisticada, usada por muitas organizações.

	Produtos/Serviços	**Função/Processos**
Internos	Análise comparativa dos produtos e serviços produzidos ou prestados por diferentes departamentos na organização.	Análise comparativa das funções e dos processos realizados pelos diferentes departamentos na organização
Externos	Análise comparativa dos produtos e serviços produzidos internamente com os que existem em outras organizações.	Análise comparativa das funções e dos processos executados na organização com os existentes em outras organizações

Observação: ao fazer comparações externas, não é necessário que a organização compare a si mesma com outras organizações no mesmo setor. Por exemplo, os bancos podem aprender muito sobre o gerenciamento de filas, comparando suas práticas com as de supermercados e estabelecimentos de *fast food*.

COMO USAR

- O fundamental para qualquer processo de *benchmarking* é entender onde você está na jornada para a excelência (*use as Teorias 65, 66 e 70 para identificar a sua posição*), e garantir que passará por todo o ciclo de quatro estágios a seguir (*veja a Teoria 49*):
    1. **O estágio de planejamento** é a atividade mais importante e mais demorada do modelo. Determine as áreas de estudo mais importantes para a sua organização. Quais atividades dentro de cada área precisam passar pelo processo de *benchmarking*? Qual é o melhor modo de coletar dados sobre cada atividade? Quem são os melhores em cada atividade?
    2. **O estágio de fazer** ocorre quando você começa a experimentar. Combine com seus parceiros de *benchmarking* o escopo do estudo e quaisquer questões éticas que possam surgir. Escolha as pessoas mais adequadas para executar o estudo e assegure-se de que a organização, em todos os níveis, apoia o projeto (*veja as Teorias 55 e 62*).
    3. **O estágio de verificação** ocorre quando você começa a analisar os dados e determina quaisquer falhas na qualidade. Use o modelo de espinha de peixe de Ishikawa (*veja a Teoria 72*) para identificar as razões das falhas no desempenho e só então decida a ação a executar.
    4. **O estágio final** ocorre quando você executas ações. Envolva todos os interessados nas mudanças, monitore o progresso da iniciativa e revise a sua estratégia se necessário (*veja a Parte 6*). Use metas SMART (*veja a Teoria 88*) para monitorar o progresso.

PERGUNTAS A FAZER

- Como coletarei dados de organizações externas?
- Estou preparado para lidar com todas as descobertas do exercício? E se os níveis de remuneração e treinamento estiverem abaixo dos da melhor prática? A organização estará disposta a investir nessas áreas?

TEORIA 75 O MODELO DE EXCELÊNCIA

Use como um meio de promover conscientização do desempenho e das ações para melhorá-lo.

Gerard Egan argumenta que é preciso adotar abordagens diferentes para lidar com os diferentes interessados existentes em uma organização. Ele categoriza os interessados do seguinte modo:

Malcolm Baldridge foi a força propulsora da utilização do Modelo de Excelência como um meio de promover conscientização da qualidade em organizações. O trabalho de Baldridge foi influente nos Estados Unidos e a European Foundation for Quality Management (EFQM) adaptou e adotou esse modelo para utilização na Europa.

O Modelo de Excelência EFQM se apoia em nove conceitos fundamentais, divididos em cinco habilitadores e quatro resultados:

- **Os habilitadores** são as atividades que a organização deve executar bem para ser reconhecida como excelente.
- **Os resultados** são as medidas usadas para avaliar o impacto das atividades citadas aqui.

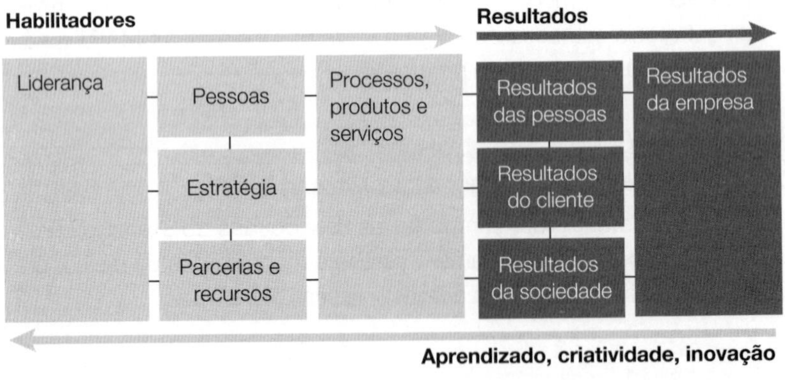

Fonte: Adaptado de EUROPEAN FOUNDATION FOR QUALITY MANAGEMENT. Brussels: EFQM, 2012. Disponível em: <http://www.efqm.org>. Acesso em: 4 jun. 2014. Copyright © EFQM 2012 Excellence Model.

Embora a EFQM forneça um certificado de Modelo de Excelência às organizações que querem tal reconhecimento, a aplicação do modelo é frequentemente usada como ferramenta de autoavaliação para dar uma nota ao desempenho em cada uma das áreas habilitadoras e de resultado de uma organização.

COMO USAR

- Responda o questionário on-line disponível no site da EFQM. Compare a sua organização/equipe com cada uma das nove categorias e dê notas a cada uma delas. Há alguns descritores úteis que o ajudarão a atribuir notas em cada categoria.
- Se possível, escolha uma seção transversal da sua organização/equipe e peça que responda o questionário. Melhor ainda seria conseguir que a organização inteira faça isso.
- Some as notas e calcule a média da organização. Não fique assustado se obtiver apenas 350 dos 900 pontos possíveis. Isso acontece com todos na primeira vez. É claro que 350 ou menos não será satisfatório no longo prazo. Se a sua organização é de grande porte, você talvez precise designar alguém para agir como defensor da qualidade. Se você aplicou o método apenas à sua equipe ou ao seu departamento, você mesmo acabará executando esse trabalho.
- Focalize em primeiro lugar as categorias que conseguiram as notas mais altas para ver se obtém algumas vitórias rápidas. Então volte às categorias em que há mais escopo para melhorias. Volte repetidas vezes ao questionário e meça as melhorias obtidas.
- Lembre-se de que esse é um processo de autoavaliação, portanto seus pressupostos e impressões têm de ser testados. Peça a alguém imparcial que examine a sua avaliação do que está acontecendo e conteste a sua análise.

PERGUNTAS A FAZER

- A busca do certificado da EFQM me motivaria e motivaria a minha equipe mais do que simplesmente usar o processo para melhorar o desempenho?
- Tão logo as metas do projeto inicial tenham sido cumpridas, o que farei para monitorar, manter e melhorar o desempenho no futuro?

UMA PALAVRA FINAL SOBRE TEORIAS DE GESTÃO DA QUALIDADE

POR QUE CROSBY FOI COROADO REI

Como membro pago da Deming Society (sim, esse organismo realmente existe), coroar alguém como rei é quase uma traição. Porém, como todos os que fazem reis, você tem de fazer o que é certo. Ninguém duvida do que Deming fez para ajudar a recuperação da indústria japonesa. Se as teorias desse autor tivessem a mesma qualidade que a sua prática, não haveria nenhuma competição. Lamentavelmente, elas não têm a atração que a grade de maturidade de Crosby tem. A percepção simples, mas profunda de Crosby, de que a qualidade é grátis, lhe dá a supremacia.

Muita besteira já foi falada sobre gerenciamento de qualidade e há muitos assim denominados especialistas dispostos a nos cegar com jargão de gerenciamento e cobrar pelo privilégio. Há aproximadamente 20 anos, eu e um grupo de gestores de qualidade sediados nas West Midlands decidimos nos rebelar contra o jargão e o grande fluxo de entrada de sistemas japoneses como Kaizen, Kanban e Yoke Poke. Inventamos o Black Country Quality Programme (BCQP), um programa projetado especialmente para as necessidades de empresas manufatureiras do Black Country. O programa incluía módulos sobre:

- *Yomaguddin*: refere-se a boas práticas como "You are a good one, old chap" (Você é um cara bom, meu chapa).
- *Weayobinthen*: refere-se a fornecedores como em "Why are you late, my good man?" (Por que você está atrasado, meu bom homem?)
- *Tayarfbostin*: refere-se a produtos/serviços como em "Thank you, that's really very good" (Obrigado, isso é realmente muito bom).

No dia 1° de abril apresentamos o conjunto de módulos à Agência de Treinamento do governo. Imagine o tumulto quando alguns dias depois a Agência revelou que queria comprar o programa! Quem sabe eles entenderam a brincadeira.

A linha comum que percorre quase todas as teorias de qualidade é que todos os interessados na organização precisam fazer todo o possível para melhorar a qualidade dos produtos, serviços e procedimentos na organização, o que pode ser resumido no desejo de "fazer a coisa certa na primeira vez". Para conseguir isso, você deve se lembrar de que melhoria da qualidade é uma questão que abarca toda a organização. Não é algo que possa sobreviver muito tempo como um bolsão de excelência em um ambiente que, de todos os outros modos, é hostil. Portanto, antes de você partir para um programa de qualidade, em primeiro lugar, garanta a adesão ao programa de todos os gestores de alto escalão (*veja a Teoria 55 e 62*).

Venda o programa mostrando que o custo de fazer a coisa certa na primeira vez é sempre menor do que a despesa de tentar corrigir erros mais tarde.

Explore todas as causas dos problemas existentes antes de começar a pensar em uma solução. Quando começar, lembre-se de buscar pequenas melhorias incrementais em vez de grandes mudanças abruptas. É bem mais fácil melhorar 1% de 10 projetos do que 10% de um único processo. Sempre elogie os seus sucessos. Isso motivará o pessoal e o ajudará a convencer os duvidosos. Mas não focalize apenas os ganhos de curto prazo, pense no longo prazo e, com a ajuda do pessoal da linha de frente, identifique o que os seus clientes esperam. Então, descubra como superar essas expectativas.

Use comparações internas e externas de produtos/serviços e funções/processos como parâmetros de comparação (*benchmarks*) e não tenha medo de utilizar boas ideias onde as encontrar.

Nunca se iluda acreditando que você é melhor do que realmente é. Para evitar pintar um quadro muito otimista, nunca baseie seus cálculos em pressupostos não testados. Verifique os dados de forma independente ou então os despreze.

Se você partir para um programa de melhoria de qualidade, terá de entender que é algo de longo prazo. Certa vez, um diretor de uma empresa de Engenharia do Black Country me contou como passou mais de dois anos tentando promover um TQM antes de observar qualquer mudança real na atitude do pessoal. "Mas", disse ele, "Eu sabia que os tinha conquistado quando certa manhã eles chegaram e ligaram as máquinas antes da chaleira". São esses sinais que mostram que alcançamos o sucesso.

PARTE 9

COMO EXERCER AUTORIDADE, PODER E INFLUÊNCIA

PALAVRAS INICIAIS

Esta é a seção mais curta do livro, contendo apenas cinco teorias. Isso não reflete o quanto entender o que é autoridade, poder e influência é importante para gerentes. Ao contrário, significa admitir que essa é uma área de estudo extremamente complexa e sutil e que, para lhe fazer a justiça devida, precisaríamos de um livro inteiro. Em vez de tentar explicar as complexidades dos três conceitos, eu preferi escolher cinco teorias que, na minha opinião, englobam os pontos essenciais que você, na qualidade de gerente, precisa conhecer.

Todos os gestores devem se interessar por explorar esses três conceitos importantes e inter-relacionados. Você precisa saber que autoridade, poder e influência você tem na organização para a qual trabalha — não somente em termos do seu próprio pessoal e de seus colegas, mas também dos gestores de nível superior ao seu e, em termos mais gerais, da comunidade interessada. Tão logo tenha um quadro bem definido, você poderá desenvolver uma estratégia que lhe permitirá aumentar sua autoridade, poder e influência.

Muitos gerentes, em especial os que foram recentemente promovidos ou recrutados fora da organização, relutam em exercer seu poder e autoridade. Não caia nessa armadilha. Como gerente, você tem certo nível de autoridade e poder, e espera-se que os use. Se você não o fizer, será descartado por seus colegas como alguém que não tem o que é preciso para ser um gestor e o seu pessoal não o respeitará.

O conselho geral dado a oficiais do exército e professores em relação ao exercício de seu poder e autoridade é o mesmo. Seja duro no início e deixe bem claro que você é quem manda. É claro que o que é considerado duro depende do contexto específico e eu não sugiro que você submeta o seu pessoal a uma ordem-unida acelerada no pátio de estacionamento no seu primeiro dia de trabalho (talvez seja melhor deixar isso para o segundo dia). É sempre mais fácil voltar atrás a partir dessa posição do que ser muito manso e, então, tentar aumentar o seu nível de controle. Lembre-se de que você é um gestor e a sua tarefa é obter resultados, e não ganhar concursos de popularidade. Porém, isso não significa que você não pode ter um bom relacionamento com o seu pessoal.

No que tange à influência, essa talvez seja a mais subavaliada das ferramentas disponíveis para um gerente. A influência está para o poder como o tai chi está para o caratê. Influência é suave e condescendente, curva-se com o vento e flui como água em áreas que o poder não consegue alcançar. Por exemplo, um gestor de nível médio não tem poder sobre qualquer diretor na organização, mas se ele confiar em você e der valor aos seus conselhos, você terá influência. Isso pode ser útil quando você precisar do seu apoio para um projeto ou quando houver promoções à vista. Aproveite todas as oportunidades que surgirem para cultivar e ampliar sua faixa de influência.

O conselho do Presidente Truman para líderes em potencial era "seja manso, mas tenha sempre um porrete na mão". Esse não é um mau conselho para os gerentes. O que apresentaremos a seguir é uma introdução a essa fascinante área e eu insisto que você leia mais um pouco sobre o assunto.

TEORIA 76 OS TRÊS TIPOS DE AUTORIDADE DE WEBER

Use para identificar as diferentes formas de autoridade que estão disponíveis para você na condição de gerente.

Max Weber identificou três tipos de autoridade ou poder. São: carismática, tradicional e racional legal.

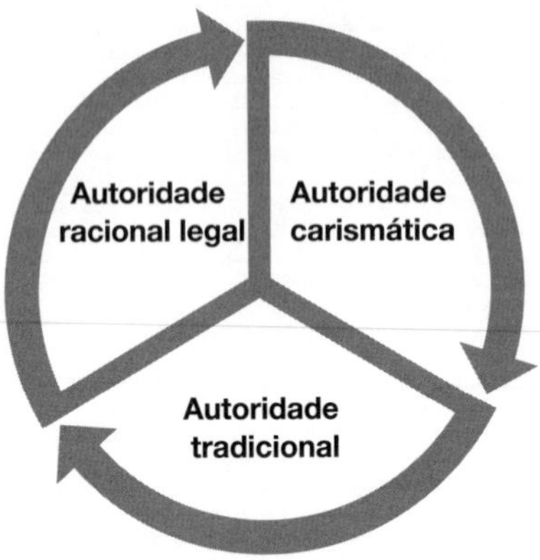

- **Autoridade carismática** é definida por Weber como um "dom inato, extraordinário e pessoal" (carisma), que poucos têm. O pessoal é atraído por gestores carismáticos e acha que eles têm grande capacidade, habilidades especiais e que sempre cumprirão as promessas que fizerem.
- **Autoridade ou poder tradicional** é baseada em herança. Pode ser possuída por indivíduos, famílias, elites e grupos, e é passada de uma geração para a geração seguinte. Por exemplo, o poder e o status inerentes às famílias reais é passado adiante por meio de uma linha de sucessão.
- **Autoridade racional legal** é o poder que vem de determinado cargo. Quem ocupa o cargo pode exercer todos os poderes desse cargo durante o tempo em que o ocupar. Por exemplo, o Diretor de Vendas tem a autoridade racional para gerenciar todo o pessoal de vendas enquanto ocupar esse cargo.

O exemplo clássico desses três tipos de autoridade veio da Igreja Católica. Cristo, o chefe da igreja, é carismático. Os padres católicos, quando ordenados, adquirem poder tradicional sobre o corpo laico e o Papa exerce o poder racional legal sobre toda a igreja.

COMO USAR

- Identifique o nível de autoridade que você possui sob cada título.
- Segundo Weber, poucos possuem autoridade carismática. Porém, antes de você decidir que não tem carisma, leia novamente a Teoria 19.
- Autoridade tradicional é baseada em vassalagem compartilhada. Se você é um estranho que trabalha para uma empresa de propriedade de uma família, suas oportunidades de promoção a uma posição de alto nível são limitadas, a menos que você esteja disposto a se casar com alguém da família. Para satisfazer suas ambições, você talvez tenha de sair da empresa. Porém, antes de abandonar o navio, lembre-se de que autoridade tradicional pode existir em qualquer organização na qual a elite é unida, pelo fato de que compartilha histórias que vêm da escola primária, da universidade, do exército ou de qualquer uma de 100 outras experiências.
- Na qualidade de gerente, você automaticamente tem alguma autoridade racional legal e as pessoas esperam que você a use. Não as desaponte.
- Normalmente, a maioria dos leitores deste livro terá pouco ou nenhum poder tradicional, algum poder carismático e, dependendo da posição que ocupa, uma quantidade significativa de poder racional legal.
- Desenvolva ou aumente o seu poder carismático (*veja a Teoria 19*).
- Identifique a extensão do seu poder racional legal e disponha-se a usá-lo. Muito frequentemente os gestores não usam o poder que têm, porque se sentem constrangidos de dizer às pessoas o que elas têm de fazer (*veja a Teoria 11*). Livre-se desses conceitos. Gerenciar já é difícil o suficiente sem que você se recuse a usar todas as ferramentas disponíveis.

PERGUNTAS A FAZER

- Quais são os limites do meu poder racional legal?
- Quais elementos do poder carismático (honestidade, integridade, lealdade) eu possuo?

TEORIA 77 TEORIA DAS FONTES DE PODER DE FRENCH E RAVEN (COROA DE REI)

Use como uma lista de verificação para identificar todas as fontes de poder disponíveis para você.

Há numerosos modelos de poder. Um dos mais convincentes foi descrito por French e Raven, em 1959. Eles identificaram cinco fontes de poder das quais uma pessoa, real ou corporativa, pode lançar mão para incentivar ou forçar aquiescência.

Legítima: quando o cargo que a pessoa ocupa implica uma expectativa razoável de que o pessoal seguirá seus comandos.
Recompensa: capacidade de conceder ou negar recompensas financeiras e não financeiras às pessoas.
Coerciva: capacidade de impor sanções ou punições a outra pessoa ou grupo.
Especializada: o conhecimento técnico e a especialização de um indivíduo em uma área específica significa que outros estão dispostos a seguir seus conselhos/instruções. Esse poder existe desde que tal conhecimento técnico e especialização sejam exigidos.
Carismática: capacidade de obter aquiescência por meio do exemplo ou da força da personalidade.

Entre as cinco fontes de poder, French e Raven sugerem que a do poder carismático é a mais significativa, visto que quem a possui pode influenciar pessoas ao longo do tempo e também à distância *(veja a Teoria 19)*. É o Santo Graal da liderança. É por causa dela que milhões de norte-americanos negros, que nunca tinham visto

Martin Luther King Jr. em pessoa, se dispuseram a marchar com ele e a correr risco de ferimentos e até de morte para seguir seu exemplo de protesto pacífico.

COMO USAR

- Na qualidade de gerente, você tem uma posição de autoridade. Identifique os limites dessa autoridade. Aja com confiança quando exercer autoridade e espere que o pessoal obedeça (*veja a Teoria 11*) suas exigências legítimas. Espere a aquiescência e reforce-a.
- Identifique a gama de recompensas que você pode oferecer ao pessoal e lembre-se de que elas não precisam ser financeiras. Reconhecimento público ou uma nova mesa de trabalho podem significar mais para uma pessoa do que promoção ou aumento de salário (*veja a Teoria 17*). Sempre cumpra as promessas que fizer.
- Identifique os limites do seu poder coercivo. Nunca use poder coercivo para atormentar as pessoas, mas é perfeitamente legítimo identificar mau desempenho e aplicar uma sanção adequada. Às vezes, o pessoal não está ciente de seu mau desempenho. Muitas vezes, uma conversa não oficial basta para afastar a necessidade de uma ação mais formal.
- Identifique qualquer poder especializado que você tenha (se tiver algum). Se você tiver uma qualificação profissional, terá certo grau de poder do especialista. Obtenha conhecimento especializado em uma ou mais áreas importantes da sua disciplina e use-o em sua organização.
- Lamentavelmente, poucos de nós conseguiremos alcançar o carisma de uma superestrela hollywoodiana. Mas o carisma está nos olhos de quem vê. Portanto, pense em como o pessoal o vê. Aja com confiança e integridade e dê a eles uma visão convincente (*veja as Teorias 19–22*) e eles acharão que você têm carisma, só não tanto quanto o de uma superestrela!
- Acumule o máximo possível de fontes de poder porque, quando duas ou mais fontes são combinadas, ocorre sinergia. É uma caso de 2 + 2 = 5.

PERGUNTAS A FAZER

- A quais fontes de poder você tem acesso?
- Quem em sua organização exerce poder? O que você pode aprender com eles?

TEORIA 78 AS FONTES DE INFLUÊNCIA

Use para entender como exercer influência sobre um grupo de entrevistadores, seu chefe ou seu pessoal.

A influência é diferente de poder, no sentido de que procura persuadir, e não obrigar, as pessoas a fazerem o que você quer. Com poder você pode forçar as pessoas a seguirem as suas ordens, mas não é uma receita para uma equipe feliz. Os gestores precisam dominar as artes mais suaves da influência e da persuasão.

Escritores, psicólogos e gurus do gerenciamento identificaram várias fontes de influência ou estratégias que os gestores podem usar. A seguir apresentamos sete que aparecem em muitas listas.

ALGUMAS FONTES DE INFLUÊNCIA INCLUEM:
Deixar que as pessoas acreditem que você é exatamente como elas. As pessoas reagem mais positivamente a quem elas acham que compartilham suas visões e crenças.
Fazer que as pessoas se sintam confortáveis. Ouça atentamente — e repita coisas que a pessoa disse para demonstrar que você está prestando atenção.
Descubrir o que motiva a pessoa e lhe dar esse motivo.
Permitir que a pessoa tome parte de qualquer processo de decisão que a afete — mesmo que seja insignificante.
Deixar bem claro quão especial e exclusiva é a oferta que você está fazendo.
Lembrar-se do valor da reciprocidade e da troca de favores.
Pessoas ficam impressionadas com exibições de conhecimento especializado, portanto, dê um jeito de demonstrar o seu conhecimento, sem muito alarde.

COMO USAR (1) – INFLUENCIANDO UM GRUPO DE ENTREVISTADORES

- A primeira impressão conta. Para sobreviver, nossos ancestrais tinham de julgar rapidamente os forasteiros que encontravam em uma clareira da floresta. A única informação que eles tinham era a aparência dessas pessoas. Quanto mais parecidas com eles, mais seguros eles se sentiam. Nós herdamos essa tendência. Entrevistas são ganhas e perdidas nos 90 primeiros segundos. Pesquise com antecedência qual é o código de vestimenta da organização e compareça adequadamente vestido.
- Descubra o que a organização está procurando. Verifique o anúncio, a descrição do cargo, a especificação do candidato, o site da Web, e converse com alguém que você sabe que trabalhe nessa empresa. Identificados os traços e as habilidades requeridas, demonstre-os na entrevista e no resto do processo de seleção *(veja a Teoria 11)*.
- Se você parecer desconfortável e nervoso, os entrevistadores perceberão. Relaxe e sorria (mas não como um maníaco assassino) e seja acessível. Lembre-se de que o importante é como você é percebido, e não como você se sente *(veja a Teoria 11)*.
- As pessoas querem o que não podem ter. Imagine a entrevista como um primeiro encontro. Mostre seus melhores atributos, mas deixe claro que também possui outros. Convença os entrevistadores de que seus talentos ímpares não serão encontrados em qualquer outro candidato.
- As pessoas ficam impressionadas com conhecimento especializado, principalmente quando é inesperado. O melhor modo de demonstrar isso é fazer a lição de casa e estudar a organização, e fazer uma ou duas perguntas sobre suas operações.

PERGUNTAS A FAZER

- Quem irá compor o grupo de entrevistadores? O que eu posso descobrir sobre eles com amigos, contatos ou via internet/mídias sociais?
- Tomando como base o que eu sei sobre os entrevistadores, quais características devo enfatizar/minimizar?

COMO USAR (2) – INFLUENCIANDO O SEU CHEFE

- Você também pode usar as fontes de influência já citadas com seu chefe. Porém precisará mudar suas táticas e lembrar que ele pode saber mais sobre poder e influência do que você. Portanto, seja sutil.
- Não tente imitar seu chefe, isso apenas o aborrecerá.
- Seu chefe dará valor mais alto às tarefas ou funções específicas que você desempenha do que a outras. Descubra quais são elas e não se esqueça de demonstrar alto padrão de desempenho nessas tarefas.
- Não apresente a seu chefe uma mudança ou iniciativa sobre qualquer coisa sem ter uma justificativa. Mantenha-o informado sobre tudo o que você está fazendo, peça conselhos — mesmo que não precise — e mantenha-o informado.
- Torne-se indispensável para o seu chefe. Em sua maioria, gestores de alto escalão não gostam de saber detalhes. Identifique uma área de trabalho na qual seu chefe é fraco e torne-se o especialista local nesse assunto. Resuma os assuntos em uma linguagem que ele entenda, mas nunca deixe que ele perceba que você sabe mais do que ele.
- Esteja disposto a trocar favores com seu chefe, mas não permita que isso se torne um via de mão única. Se ele quiser algo, certifique-se de obter algo em troca. Ninguém gosta de pessoas servis.
- Ouça o seu chefe mesmo que ele o aborreça com sua maravilhosa tacada no oitavo buraco de um jogo de golfe. As pessoas gostam de pessoas que se interessam por elas.
- Esteja disposto a aceitar quaisquer boas ideias e sugestões feitas pelo seu chefe, mas avalie criticamente cada uma delas. Se você precisar contestar suas propostas, apresente suas objeções (em particular), como uma série de abordagens alternativas para discussão, em vez de fazer uma contestação direta.

PERGUNTAS A FAZER

- Quais crenças, experiências comuns, interesses ou traços você compartilha com o seu chefe? Como você pode usá-los a seu favor?
- Quais são as características que seu chefe mais admira/procura no pessoal?

COMO USAR (3) – INFLUENCIANDO O SEU PESSOAL

- Se você usar poder para convencer a sua equipe a concluir uma tarefa as pessoas dirão que "O chefe nos obrigou a fazer isso"; se você usar influência elas dirão "Nós fizemos isso". Somente use o poder se a influência falhar.
- Prepare o terreno para usar influência estabelecendo bons relacionamentos de trabalho com o seu pessoal.
- Identifique as coisas que você tem em comum com o seu pessoal. Pode ser gostar de um time de futebol ou de filmes, ter crescido no mesmo bairro que eles ou ter frequentado escolas semelhantes, ter compartilhado experiências de treinamento etc.
- Mostre-se interessado nas opiniões e visões das pessoas e elogie suas percepções.
- Deixe as pessoas tomarem parte de qualquer processo de tomada de decisão que as afete, mesmo que isso envolva apenas examinar minuciosamente o processo de decisão que você seguiu, e pedir opiniões em cada estágio.
- Você deve saber o que motiva o seu pessoal (*veja a Parte 3*). Use esse conhecimento para apresentar seu caso sob a forma que será mais atraente para as pessoas.
- Explique quão importante é para você que elas aceitem a ideia e quão especial e única é a oferta que você está fazendo.
- Use qualquer status de especialista que tenha para fazê-los mudar de ideia.
- Lembre-se de que você terá maior sucesso se oferecer uma solução em que os dois lados ganham (*veja a Teoria 9*) e que não há nada de antiético em usar um pouco de liderança transacional para conquistar a adesão de alguém (*veja a Teoria 17*) ou criar um grupo interno em cujo apoio você possa confiar (*veja a Teoria 18*).

PERGUNTAS A FAZER

- Que alavancagem/abordagem eu posso usar com cada membro do pessoal?
- Há indivíduos específicos cuja aprovação eu preciso conquistar?

TEORIA 79 O GUIA DE SOBREVIVÊNCIA, DE MAQUIAVEL

Use para se proteger contra colegas e chefes maquiavélicos.

Sem trabalho e procurando serviço, Maquiavel redigiu e enviou um pedido de emprego a Lorenzo de Médici, o Magnífico. Na história do mundo, esse foi um dos melhores pedidos de emprego e mais tarde foi publicado no livro *O Príncipe.*

O GUIA DE SOBREVIVÊNCIA DE MAQUIAVEL PARA LÍDERES NOS DÁ UMA AMPLA GAMA DE CONSELHOS, INCLUINDO:
Os líderes devem lidar com a realidade que confrontam e não com a realidade que gostariam que existisse.
Os líderes nunca devem dormir sobre seus louros. Em vez disso, devem usar períodos de calmaria para planejar sua estratégia futura.
É mais seguro confiar em um velho inimigo do que em um velho amigo porque o inimigo será grato e procurará demonstrar sua lealdade constantemente.
Um ato é virtuoso se atingir seu objetivo — é um caso de os fins justificarem os meios.
Para evitar conflito futuro, um novo líder deve destruir completamente o que restou do antigo regime.
Aqueles que ajudam um líder a conquistar poder frequentemente tornam-se uma ameaça, porque acham que o líder lhes deve algo. Eles devem ser eliminados.
Os líderes devem eliminar qualquer ameaça à sua posição antes que ela tenha a chance de aumentar.
É melhor para um líder ser temido do que ser amado, porque o medo da vingança compra mais lealdade do que o amor jamais poderá comprar.

COMO USAR

- Ao aplicar essa teoria eu não sugiro que você compre um gato persa branco e o acaricie languidamente enquanto interroga o seu pessoal. Ao contrário, use as ideias de Maquiavel como defesa contra conspiradores, psicopatas, bem como chefes e colegas maquiavélicos.
- Na qualidade de gestor nunca se deixe enganar, nem permita que ninguém mais o induza ao erro em relação à realidade da situação que você enfrenta. Somente confrontando a realidade é que você poderá lidar com o presente e planejar o futuro.
- Nunca durma sobre seus louros. Use o tempo ocioso para procurar ameaças e oportunidades potenciais e desenvolva uma estratégia para lidar com elas caso surjam *(veja as Teorias 65 e 66)*.
- Na qualidade de funcionário, proteja-se contra gestores que acreditam que os fins justificam os meios. É pouco provável que eles não o eliminem se isso servir a seus propósitos. Lembre-se de que é melhor ser útil a um gestor maquiavélico do que ser seu amigo.
- Muitos gestores de alto escalão recém-empossados mudam sua equipe de gerenciamento dentro de um ano como um modo de confirmar sua autoridade na organização e sobre o pessoal. Se você acha que isso pode acontecer, prepare uma rota de saída, caso venha a precisar.
- Qualquer um que você tenha ajudado a alcançar uma posição de autoridade poderá vê-lo como uma ameaça. Se existir essa possibilidade, torne-se útil para ele ou planeje a sua saída.
- Evite atribuir ao seu trabalho uma significância demasiadamente emocional (sentimento de pertencimento, status, valor). As organizações corporativas não têm tais sentimentos. Se o seu contrato com a empresa for baseado em uma transação de negócios e se a empresa precisar demiti-lo, ela certamente o fará. Reconheça isso, veja o seu relacionamento com o trabalho com outros olhos e nunca ficará desapontado ou surpreso com o modo como você é tratado.

PERGUNTAS A FAZER

- Como posso reconhecer um gestor maquiavélico?
- Qual é a minha estratégia para lidar com gestores maquiavélicos?

TEORIA 80 O TESTE DO PSICOPATA DE RONSON

Use para identificar estratégias específicas que você pode usar quando considera o valor de produtos e serviços para a sua organização.

Jon Ronson, em seu livro campeão de vendas *The psicopath test: a journey through the madness industry*, publicado em 2011, sugere que, na maioria das organizações, há um ou dois psicopatas, e que eles podem causar um dano incalculável se não forem identificados e nenhuma providência for tomada. Ele apresenta um lista com 20 traços que são característicos do comportamento psicótico. Os oito traços mais fáceis de observar em gestores psicóticos são detalhados a seguir.

TRAÇOS DO PSICOPATA DO LOCAL DE TRABALHO INCLUEM:
Desembaraço e charme superficial.
Um senso inflado de si mesmo.
Hábito de mentir compulsivo e patológico.
Comportamento astucioso e manipulador.
Ausência de culpa, remorso ou sentimentos em relação aos outros.
Facilidade para se aborrecer e dificuldade para controlar seus impulsos.
Impulsividade e propensão ao risco.
Irresponsabilidade.

Infelizmente, várias dessas características são muito úteis em entrevistas, e psicopatas conscientes do ambiente social costumam ser nomeados e promovidos a postos de gerência. Portanto, os gestores precisam de uma estratégia para lidar com tais pessoas.

COMO USAR

- Quando lidar com um psicopata, siga a velha máxima do boxe, e defenda-se o tempo todo.
- Se você estiver preocupado com o comportamento de alguém, comunique a sua preocupação ao RH e registre-as. Não chame uma pessoa de psicopata — você não é qualificado para fazer tal diagnóstico — simplesmente descreva detalhadamente o comportamento que observou ou ao qual está sujeito.
- Mantenha registros meticulosos do seu trato com essa pessoa. Psicopatas são grandes mentirosos e distorcerão eventos e conversas passados e reclamarão para si os sucessos que você conseguir, se isso servir aos propósitos dele.
- Proteja o seu pessoal, monitorando suas tratativas com tal pessoa e anote quaisquer ocorrências ou decisões. Lembre-se de que essas pessoas não têm consciência e apunhalarão qualquer um que se postar em seu caminho.
- Desenvolva bons relacionamentos com o pessoal e com outros gerentes. Assim, se a tal pessoa fizer alegações malignas contra você, haverá muita gente pronta a questionar tais declarações porque elas não conferem com o que eles sabem sobre você.
- Quando tratar com essa pessoa, siga as políticas e os procedimentos da organização ao pé da letra, especialmente se ela for membro do seu pessoal. Os psicopatas corporativos desse mundo não hesitarão em reclamar de algum tipo de constrangimento se isso os ajudar a conseguir o que querem.
- Prive a pessoa de qualquer razão para ataque. Desenvolva uma reputação de integridade (*veja as Teorias 19 a 22*) e aja de acordo. Se chegar ao ponto de palavra contra palavra, em quem você acha que o pessoal e a gerência acreditará, em você ou nela?

PERGUNTAS A FAZER

- Alguém com quem eu trabalho exibe os traços apresentados na lista da teoria?
- Qual é a minha estratégia para lidar com eles?

UMA PALAVRA FINAL SOBRE AUTORIDADE, PODER E INFLUÊNCIA

POR QUE FRENCH E RAVENS FORAM COROADOS REIS

Outros autores examinaram as fontes de poder e produziram tratados muito mais longos sobre o assunto. Eles examinaram a natureza do poder, como apossar-se dele, como mantê-lo e como ele pode ser perdido. Porém nenhum foi tão sucinto quanto French e Raven ou identificou tão claramente como ocorre sinergia quando você pode acessar poder de uma variedade de fontes. A identificação da sinergia, mais do que qualquer outro fator, torna essa teoria merecedora de receber o título de rei.

Muitos anos atrás eu li algo que dizia que se você tiver experiência de gestão de pessoas antes dos 27 anos de idade, nunca será um bom gerente. Ao longo dos anos, eu raciocinei sobre essa ideia e cheguei à conclusão que o autor descobriu algo, mas chegou à conclusão errada.

Em situações do dia a dia a maioria dos britânicos (como os autores deste livro), por exemplo, é razoavelmente tímida. Os britânicos não gostam de dizer aos outros o que fazer nem de ditar ordens. Ficam apavorados com a possibilidade de dizer a alguém o que fazer e a outra pessoa perguntar "Quem disse que é você quem manda?" Tal réplica seria muito constrangedora e, como todos sabemos, constrangimento social é pior do que danos físicos para a maioria dos britânicos. Portanto, as pessoas hesitam em assumir o controle e, à medida que o tempo passa fica mais difícil abandonar esse comportamento aprendido e dizer a alguém o que fazer.

Mas se você for um gerente, não pode ser tímido. Você é pago para assumir o controle, independentemente do que estiver sentindo. Portanto, você tem de dizer às pessoas o que fazer, ainda que isso signifique desafiar anos de comportamento e socialização aprendidos. Quando você se torna um gerente, adquire certo nível de autoridade tradicional e legítima, e ambos, o seu empregador e o pessoal, esperam que você a use. Isso posto, não os desaponte. A autoridade está lá para ser usada — portanto, exerce-a.

Tente acumular o máximo possível de fontes de poder. Normalmente, algum grau de poder legítimo de recompensa e poder coercivo acompanha a posição de gerente. Você precisa testar os limites de cada um e desenvolver seu poder de especialista. Quanto ao poder carismático, isso é algo que todos nós precisamos desenvolver (*veja a Teoria 19*).

Em termos de influência, a primeira coisa que você precisa vender é você mesmo a seu chefe e ao seu pessoal. Um modo certo de fazer isso é dar-lhes apoio em público e apenas levantar dúvidas, preocupações ou críticas em ambiente privado. Ambas as partes gostarão disso.

Ao fazer uma entrevista, lembre-se de que o grupo de entrevistadores quer indicar alguém. Eles não estão julgando seis ou mais pessoas porque gostam de conhecer novas pessoas. Eles têm uma vaga a preencher e certamente esperam que você a preencha. Portanto, trate a entrevista como uma reunião entre iguais e apresente a melhor versão possível de si mesmo.

Ao tratar com um chefe maquiavélico, lembre-se de que eles são pessoas lógicas que procuram seu próprio interesse. Sua melhor defesa contra qualquer ataque é descobrir modos de ser úteis a eles. Desde que você continue útil, eles ficarão felizes em mantê-lo.

Os psicopatas podem ser do sexo masculino, do sexo feminino, um chefe, um colega ou um membro do pessoal. A única diferença entre eles será as táticas que usam para conseguir o que querem. Há sempre um ou dois em cada organização. Seja qual for o cargo que ocupam, mantenha registros detalhados e precisos de todas as suas transações com eles e, se necessário, transmita as suas preocupações ao RH. Os psicopatas violentos são muito raros, mas a variedade comum que você poderá encontrar no trabalho pode destruir a sua vida e a sua carreira com falsas acusações e boatos malignos, portanto defenda-se o tempo todo e tente relacionar-se com eles o mínimo possível.

PARTE 10

O MELHOR DO QUE RESTOU – UMA MISCELÂNEA DE GRANDES IDEIAS PARA GESTORES

PALAVRAS INICIAIS

Esta seção contém nove ótimas teorias, cada uma das quais poderia ter sido incluída em uma das outras seções. Mas eu queria terminar o livro com uma seleção de teorias que transcendem uma classificação nítida. Por quê? Porque o gerenciamento transcende uma classificação nítida. Por exemplo, há nove teorias de motivação discutidas neste livro. Isso significa que, como gerente, você só pode motivar o pessoal quando usa uma dessas teorias? É claro que não. A sua personalidade e o seu estilo de gestão, o seu modo de falar com as pessoas e levar em conta as necessidades delas quando planeja ou gerencia uma mudança, tudo isso causa impacto sobre seus níveis de motivação. Esta seção pretende lembrá-lo de que aquilo que você aprende com uma teoria, muitas vezes, pode ser aplicado em numerosas situações, portanto não levante paredes arbitrárias entre as teorias.

O Princípio de Pareto, que inicia esta seção, é um ótimo exemplo de como uma teoria pode ser aplicada em inúmeras situações e ajudar gestores a identificar as áreas em que devem concentrar seus esforços. Outras, como o princípio de Eisenhower, o ajudarão a identificar as tarefas que você deveria estar executando e as que você deveria simplesmente jogar no lixo ou delegar, e algumas lhe darão percepções sobre a sua personalidade e sobre as personalidades dos que trabalham com você.

Por precaução, inserimos até mesmo um pouco de Programação Neurolinguística (PNL). Quando contei a um colega que eu tinha reduzido a teoria PNL a 200 palavras ele me chamou de louco. Mas isso fica para você decidir. Salvador Dali pedia a seus críticos que não o admirassem pelo método em sua loucura, mas pela loucura em seu método. Quando aceitei o desafio de reduzir grandes ideias a aproximadamente 250 palavras, às vezes até eu achava que era uma loucura. É impossível resumir toda a PNL ou todas as outras grandes ideias, mas o que eu posso fazer é abrir o seu apetite para ler mais sobre elas.

Espero que você goste de ler esta seção, mas não procure nem espere que surja um tema único ao ler, porque não há nenhum.

TEORIA 81 O PRINCÍPIO DE PARETO (COROA DE REI)

Use Pareto para identificar as áreas nas quais você precisa concentrar seus esforços para maximizar seus resultados.

O princípio de Pareto é possivelmente a teoria mais útil que um gestor pode conhecer. Por quê? Porque ela pode ser usada para reduzir significativamente a carga de trabalho de um gestor e é aplicável a uma enorme gama de circunstâncias.

O princípio foi inventado pelo economista italiano Vilfredo Pareto. Ele o usou, pela primeira vez, para demonstrar que 80% da riqueza da Itália estava nas mãos de 20% da população. Joseph Juran, o guru da qualidade (*veja a Teoria 69*), descobriu esse trabalho e ajudou a popularizá-lo.

Verificou-se rapidamente que a razão 80/20 podia ser aplicada a um vasto conjunto de situações sociais e de negócios. Por exemplo, 80% das vendas de uma organização são feitas a 20% de seus clientes.

Essa teoria dos "poucos vitais e muitos triviais" não pretende ser uma medida exata de qualquer fenômeno. A razão pode ser 70/30 ou 90/10. É uma regra prática que pode ser aplicada a uma vasta gama de questões relativas a pessoal, produtos, recursos, clientes e fornecedores, mas a razão exata será diferente caso a caso.

COMO USAR

A seguir, damos alguns exemplos de possíveis utilizações do princípio de Pareto.

- 20% do seu pessoal causarão 80% dos seus problemas de pessoal. Identifique esses 20% e deixe os outros em paz.
- 20% do seu pessoal contribuem com 80% da sua produtividade/lucros/vendas etc. Recompense-os!
- 20% dos seus clientes geram 80% das suas vendas. Cuide bem dessas galinhas de ovos de ouro.
- 20% dos seus devedores são responsáveis por 80% das dívidas pendentes. Concentre seus esforços de cobrança nessas pessoas.
- 80% das reclamações originam-se de 20% dos clientes. Identifique por que há um problema com esses clientes específicos e ataque-o (*veja a Parte 8*). Quase sempre você conseguirá resolver o problema, porém, muitos anos atrás eu simplesmente me recusei a fornecer a um cliente porque suas exigências eram pouco razoáveis, o que significava que eu perderia tempo e dinheiro com seus pedidos de compra. Os clientes sempre têm razão, mas alguns não valem a pena.
- 80% das despesas incorridas pela organização figurarão em 20% dos cabeçalhos do orçamento contábil. São esses grandes centros de custos que você precisa observar de perto e é ali que você deve procurar fazer economia.
- 80% da sua receita será gerada por 20% dos seus produtos (*veja a Teoria 60*). Você precisa se resguardar contra a excessiva confiança em um pequeno número de produtos. Sua sobrevivência futura depende disso.

PERGUNTAS A FAZER

- Em quais três áreas eu posso usar essa teoria imediatamente?
- A quais 20% das tarefas eu realmente agrego mais valor?

TEORIA 82 O PRINCÍPIO DE EISENHOWER

Use para priorizar sua carga de trabalho e gerenciar seu tempo com mais eficiência.

O princípio de Eisenhower descreve como o Presidente Dwight D. Eisenhower organizava sua carga de trabalho. A percepção de Eisenhower era de que você deveria se desfazer de todas aquelas listas de tarefas que laboriosamente atualiza todos os dias e, em vez disso, concentrar-se no que é importante para você. Por definição, só o trabalho que o ajuda a cumprir suas metas é importante. Lembrando que foi ele que engendrou a Operação Grande Mestre ou Dia D (Operation Overlord ou D-Day), ou seja, ele provavelmente sabia o que estava falando.

Uma teoria sugere que você divida tarefas em quatro grupos.

COMO USAR

- Livre-se de todas as suas listas de tarefas. Em vez disso, faça uma lista de ações que o ajudariam a cumprir suas metas. Isso inclui manter seu chefe satisfeito. Você também precisa manter o chefe do seu gestor feliz, já que é ele que indicará o sucessor do seu gerente.
- Tão logo tenha a sua lista de trabalho, classifique os itens nas quatro categorias seguintes.
  1. Por que você está fazendo isso? Se o que você está fazendo exigir ação, delegue-o, senão guarde-o na gaveta.
  2. Delegar! Não deixe que a crise de outro se transforme em seu problema urgente. Não hesite em ajudar colegas, mas garanta que o trabalho deles esteja inserido em suas prioridades. Seja assertivo. Evite ladrões de tempo. Eles lhe roubam uma mercadoria que você nunca mais poderá recuperar.
  3. Agendar algum tempo para executar essas tarefas! O mundo não acabará se você não as fizer agora. Mas não as esqueça, caso contrário elas podem voltar a assombrá-lo.
  4. Fazer agora! Essas são provavelmente as questões nas quais você está gastando a maior parte do seu tempo. É preciso tratar delas rapidamente, já que elas o ajudam a atingir suas metas.
  5. Para reduzir o número de tarefas urgentes que aparecem em sua mesa de trabalho, ataque algumas daquelas que estão paradas em sua gaveta. Se você puder resolvê-las, eliminará uma fonte de muitos problemas. Por exemplo, ataque a fonte de reclamações de clientes e as reclamações urgentes serão reduzidas (*veja a Parte 8*). Você nunca conseguirá eliminar todos os itens classificados como “fazer agora”, mas bom planejamento do futuro pode reduzir a quantidade de tempo que você gasta rodeando o assunto como uma mosca.

PERGUNTAS A FAZER

- Se atacadas, quais das tarefas, para quais eu preciso agendar tempo, economizaria mais do meu tempo?
- Quais tarefas eu devo redirecionar imediatamente a outro membro do pessoal, de modo que elas nunca cheguem à minha mesa de trabalho?

TEORIA 83 O MODELO DE SOLUÇÃO DE CONFLITOS DE THOMAS E KILMANN

Use para entender e lidar com conflitos em sua equipe.

Kenneth Thomas e Ralph Kilmann identificaram cinco abordagens para resolver conflitos. Cada abordagem é descrita de acordo com o nível de assertividade e cooperação demonstrado pelas partes envolvidas.

Fonte: Adaptado de THOMAS, K. Conflict and conflict management. In: DUNNETTE M. D. (Ed.). *Handbook of industrial and organizational psychology*. Chicago: Rand McNally, 1976. Adaptação permitida.

Colaboração requer alta assertividade e alta cooperação de todas as partes. Essa abordagem tenta satisfazer totalmente a todos.
Acomodação envolve baixa assertividade e alta cooperação. Essa abordagem indica a boa vontade que uma parte tem para satisfazer as necessidades de outras a custa de suas próprias.
Concessão envolve assertividade e cooperação moderadas, e tenta assegurar que todas as partes estão, no mínimo, parcialmente satisfeitas.
Competição resulta em alta assertividade e baixa cooperação, e sua intenção é garantir que uma pessoa vença à custa de todos as outras.
Evasão envolve baixa assertividade e baixa cooperação, e seu intuito é evitar conflito, significando que nenhuma das partes ficou satisfeita.

Thomas e Kilmann argumentam que, tão logo uma pessoa entenda as categorias, poderá selecionar a abordagem mais adequada para aplicar a cada nova situação.

COMO USAR

- Conflito e discordância são abundantes no local de trabalho. Então, como evitá-los? Essa é a primeira armadilha. Não tente evitar o conflito, resolva-o. Se você resolver conflitos à medida que eles surgem, eliminará futuras causas.
- Comece identificando a sua posição padrão – a sua reação instintiva ao conflito. Não há um questionário para ajudá-lo a fazer isso. Portanto, pense em como lidou com algumas situações de conflito recentes. Seja honesto na sua avaliação da sua posição padrão.
- Sabendo qual é a sua posição padrão, aborde cada nova situação com calma e respeito. Seja cortês com a(s) outra(s) pessoa(s) e ouça cuidadosamente o que elas têm a dizer (*veja a Teoria 9*). Tente separar o problema da(s) pessoa(s). O fato de uma pessoa adotar uma posição diferente da sua não significa que ela é agressiva ou negativa.
- Apresente os fatos e indique alguns pontos com os quais todos possam concordar. Então explore as várias opções disponíveis. Estabeleça algumas metas e prazos finais com os quais todos concordem e comece a trabalhar para alcançá-los. À medida que fazem progresso, a confiança e o entendimento mútuos também se desenvolverão e isso possibilitará atacar quaisquer problemas pendentes que ainda existam entre vocês.
- Mesmo entre amigos, diferenças de opiniões legítimas podem crescer e transformar-se em argumentos explosivos e grandes confrontos. Para evitar isso, continue sem demonstrar comportamento agressivo e focalize a questão e não a pessoa.

PERGUNTAS A FAZER

- Quando enfrento conflitos eu sou muito fraco ou muito agressivo?
- Eu preciso de treinamento em assertividade ou gerenciamento da raiva?

TEORIA 84 A TEORIA DA FILTRAGEM DA PROGRAMAÇÃO NEUROLINGUÍSTICA (PNL) DE GRINDER E BANDLER

Use para lembrar-se de que o que você diz (transmite) nem sempre é o que é ouvido (recebido).

John Grinder e Richard Bandler sugerem que a percepção que nosso cérebro tem dos eventos pode ser diferente da realidade. Essa ação é descrita como um processo de filtragem que nos ajuda a criar as interpretações nas quais baseamos nossas ações.

Há três filtros (Eliminação, Distorção e Generalização) que são importantes porque:

Eliminação evita que nosso cérebro tenha de absorver a massa de informações sensórias a que estamos expostos a cada segundo e elimina informações que consideramos irrelevantes.

Distorção nos permite ajustar um evento ou ocorrência a uma estrutura de conhecimento preexistente. Ela muda a nossa interpretação dos eventos para ajustá-los ao nosso entendimento existente.

Generalização nos permite fazer um julgamento baseado em algo semelhante, que podemos ter experimentado anteriormente.

COMO USAR

- Usar técnicas de comunicação como PNL depende de desenvolver empatia com a outra pessoa. Comece procurando um terreno comum e, então, mantenha boa empatia mediante o uso efetivo de linguagem, gestos e tom (*veja a Teoria 31*).
- Um dos pilares fundamentais da PNL é a crença de que o significado da sua comunicação é determinado pela resposta que você obtém, e não pelo que você quis dizer. Portanto, muito cuidado com o aspecto da comunicação.
- Decida o que você quer que a outra pessoa faça como resultado da comunicação. Esse é o efeito que você quer.
- Transmita a sua mensagem sem nenhuma ambiguidade e com a maior clareza e precisão que puder.
- Use comunicação verbal e não verbal, por exemplo, linguagem corporal, para enfatizar pontos específicos.
- Procure pistas que indiquem se a pessoa entendeu ou não o que você está tentando comunicar.
- Use o feedback que obtiver para identificar se elas estão eliminando, distorcendo ou generalizando demais a informação que você comunicou. Corrija esses mal-entendidos durante a conversa.
- Se, de início, você não obtiver a resposta que queria, tente uma abordagem diferente.

PERGUNTAS A FAZER

- Eu ouço com atenção o que o meu pessoal me diz?
- Eu procuro ser entendido e não apenas ser ouvido?

TEORIA 85 A TEORIA DA INTELIGÊNCIA EMOCIONAL DE GOLEMAN

Use para se tornar um gestor melhor, aumentando a sua autoconsciência e entendimento dos outros.

O trabalho de Daniel Goleman sobre inteligência emocional (IE) na década de 1990, popularizou a ideia de que não basta que os gestores tenham QI alto e a capacidade técnica necessária. Se eles quiserem conquistar os corações e as mentes do pessoal também precisarão ser emocionalmente inteligentes. Goleman identificou cinco características que os gestores precisavam desenvolver se quisessem ser bem-sucedidos. São elas:

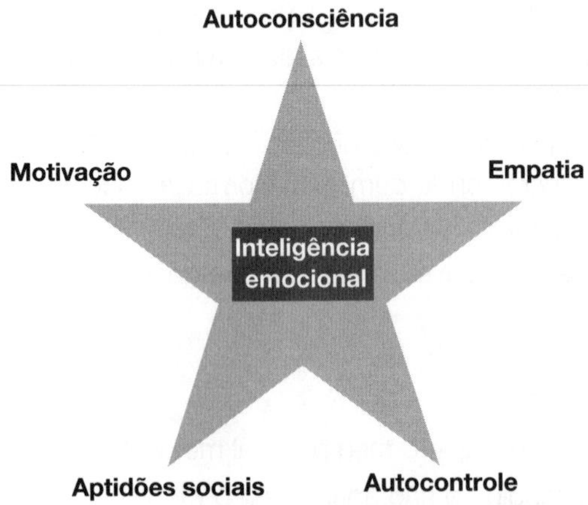

Autoconsciência: os gestores devem reconhecer seus próprios estados emocionais e o impacto que suas emoções causam nos outros.
Empatia: gestores precisam se identificar com as outras pessoas e entender seus sentimentos quando tomam decisões.
Autocontrole: gestores devem controlar suas emoções e impulsos e conseguir se adaptar a mudanças nas circunstâncias.
Aptidões sociais: gestores precisam gerenciar relacionamentos, influenciar pessoas e incentivá-las a tomar a direção que eles identificaram.
Motivação: gestores devem desenvolver sua própria fonte de motivação intrínseca. Eles não podem recorrer a recompensas externas para motivá-los. A realização de suas metas lhes dará a satisfação definitiva (*veja a Parte 3*).

Goleman acredita que ter autoconsciência e entender os outros pode fazer de um indivíduo uma pessoa melhor, e também um gestor melhor.

COMO USAR

- Determine o seu Quociente de Inteligência Emocional respondendo um dos muitos questionários disponíveis on-line. A autoconsciência é crítica, portanto seja honesto durante o processo.
- Mantenha um diário contemplativo que não precisa ter as proporções do famoso diário de Samuel Pepys, que escreveu um diário detalhadíssimo dos eventos principias da restauração ocorrida na década de 1660. Basta anotar quaisquer incidentes importantes que ocorreram durante o dia: o que você fez, por que o fez, que impacto suas ações causaram em você e em outros. Então você pode revisá-lo e considerar como poderia ter feito as coisas de modo diferente/melhor.
- Tente ver as situações do ponto de vista das outras pessoas. Isso não significa que você deva seguir a linha delas ou até mesmo concordar com o que elas têm a dizer. Todavia, se tentar ser empático e reconhecer que as pessoas têm direito às próprias visões e crenças, você lançará as fundações para um diálogo eficaz.
- Dedique um tempo para ouvir com atenção o ponto de vista da outra pessoa e controle o impulso de se adiantar ou tomar decisões apressadas ou emocionais; e nunca comece uma sentença com "Se eu fosse você ..." — porque você não é.
- Haverá ocasiões em que você sentirá que não pode concordar, talvez em razão de seus próprios princípios e crenças. Reconheça que outras pessoas também podem ter convicções profundas sobre um assunto. Não se permita ficar frustrado ou zangado se elas também se recusarem a concordar. Fique calmo e examine novamente seus valores à luz do que elas têm a dizer, e procure encontrar uma solução que seja aceitável para ambos.

PERGUNTAS A FAZER

- Eu acredito que ter alta IE é importante no local de trabalho?
- Se eu acho que é importante, quanto eu realmente sei sobre ela e sobre como usá-la?

TEORIA 86 O CICLO OODA DE BOYD

Use para aprimorar suas habilidades de tomada de decisão.

John Boyd foi um Coronel da Força Aérea dos Estados Unidos que desenvolveu o modelo OODA como ferramenta de tomada de decisão em combate aéreo. O modelo foi rapidamente incorporado por gestores em outros setores.

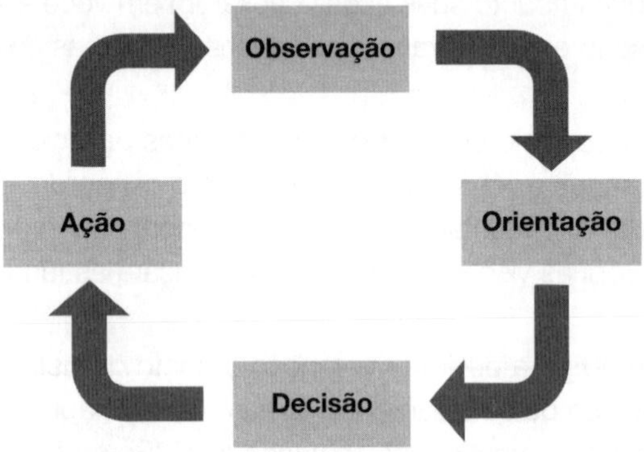

Fonte: Adaptado de CLAYTON, M. *Management models pocket book*. Management Pocket Alresford, 2009.

Observação: colete dados atualizados do máximo de fontes possível. Mas lembre-se de que todas as decisões são baseadas em informações incompletas.
Orientação: determine o que os dados significam. Use uma combinação de respostas analíticas e intuitivas para atualizar o seu entendimento sobre aquilo que está acontecendo.
Decisão: determine o curso de ação que você precisa tomar para obter o melhor resultado.
Ação: execute a ação que decidiu.

O modelo é cíclico e requer que os gestores avaliem o resultado da ação e repitam os estágios de orientação, tomada de decisão e ação, até conseguirem o resultado desejado. Boyd salienta a importância de não usar o modelo de uma forma estática, mas como um modelo dinâmico, rápido e reativo. Ele sugere que quanto mais rapidamente os pilotos percorram o modelo, mais provável será que obtenham um resultado positivo.

COMO USAR

- Diferentemente de um combate aéreo, raramente há necessidade de decisões instantâneas nos negócios. Portanto, use o ciclo de Boyd, mas esqueça a questão da velocidade.
- Comece identificando quaisquer oportunidades ou ameaças que você enfrente. Você talvez já tenha um exemplo sobre a sua mesa de trabalho ou pode usar análise SWOT para identificar algum *(veja a Teoria 65)*. Reúna o máximo de dados que puder sobre o assunto, mas cuidado com as leis dos retornos decrescentes.
- Lembre-se de que, não importa quão exatos seus dados sejam, eles sempre serão incompletos e o seu cérebro filtrará mais ainda as informações (*veja a Teoria 84*).
- Não tenha medo de usar a sua intuição quando tentar entender a situação. Isso não é o mesmo que adivinhar; intuição ou conhecimento tácito é algo que se desenvolve como resultado de experiências e aprendizado anteriores e reside nas profundezas do seu subconsciente até que você precise deles (*veja a seção "Como obter o máximo deste livro"*).
- Reconheça que qualquer decisão que você tomar é apenas o seu melhor palpite sobre o que seria a coisa certa em algum momento específico. Continue refinando a sua decisão e as ações subsequentes, repetindo o ciclo OODA até ficar contente com o resultado.
- Antes de usar o ciclo OODA em algo significativo, teste a teoria em um ambiente seguro.

PERGUNTAS A FAZER

- Quão difícil é para mim tomar decisões? Eu levo em conta todas as informações disponíveis ou minhas decisões se baseiam em intuições?
- Eu preciso mudar o meu modo de tomar decisões?

TEORIA 87 AS JANELAS DE JOHARI DE LUFT E INGRAM

Use para apreciar quão importante a autodescoberta e a descoberta compartilhada podem ser para aumentar o entendimento e a confiança.

Na década de 1950, dois psicólogos, Joseph Luft e Harry Ingram, desenvolveram um modelo para solicitar e dar feedback. O modelo é uma grade 2 × 2, que representa coisas que uma pessoa sabe sobre si mesma em um eixo e coisas que os outros sabem sobre ela, no outro eixo. Representando em gráfico os níveis de autoconhecimento e do conhecimento que os outros têm, a pessoa pode desenvolver um maior entendimento de sua personalidade e de como ela é percebida pelos outros.

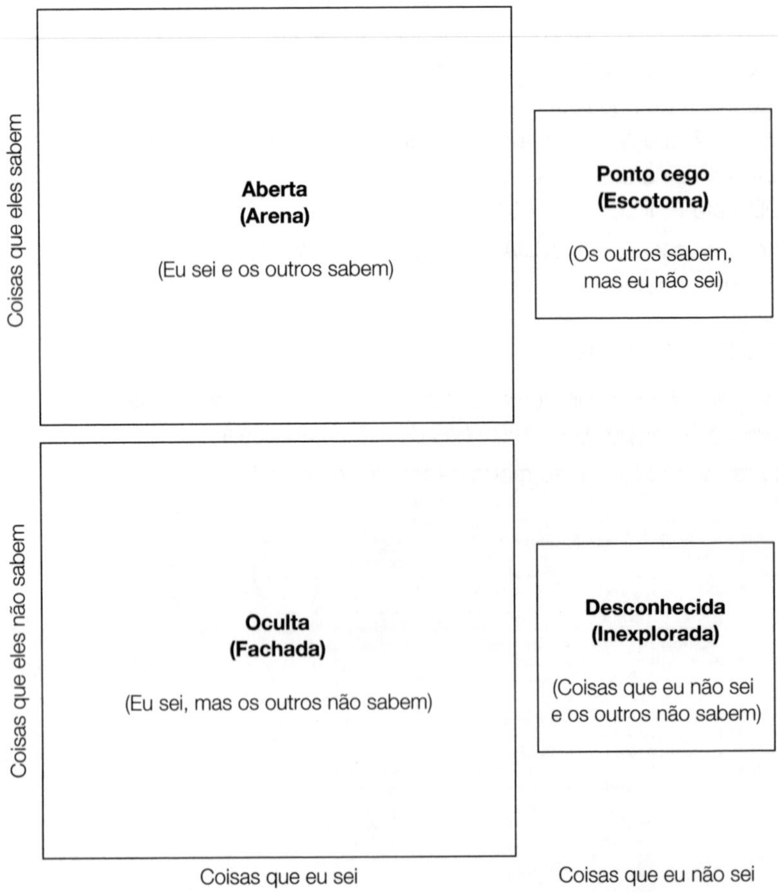

Luft e Ingram desenvolveram um Teste de Características que habilita um indivíduo a medir o grau de coisas que ele sabe sobre si mesmo e correlacionar isso com as coisas que seus companheiros sabem sobre ele. As repostas podem ser mapeadas na grade para produzir uma esquadria de janela (em geral, com uma vidraça predominante).

COMO USAR

- Use esse modelo para analisar quão bom você é para dar e receber feedback. Comece construindo a sua própria esquadria, usando o Teste de Características de Luft e Ingram ou qualquer uma das várias alternativas on-line.
- Examine o bom, o mau e o feio. Quanto maior a vidraça da arena, mais alto será o nível de comunicação, entendimento e confiança, entre você e os membros de sua equipe.
- Se a vidraça da arena não for a maior, então tome providências para aumentar o tamanho discutindo seus pensamentos mais abertamente com outros, e solicitando seu feedback.
- Você também aumenta o tamanho da vidraça da arena, reduzindo o tamanho das outras. Lembre-se de que você não pode mudar conscientemente o que não conhece, portanto, use autodescoberta e descoberta compartilhada dando e recebendo feedback como um meio de aumentar a abertura, o entendimento e a confiança.

PERGUNTAS A FAZER

- O que está me impedindo de compartilhar meus pensamentos com outros membros de minha equipe?
- Quão abertos são os membros da equipe quando falam comigo sobre eles próprios?

TEORIA 88 AS METAS SMART

Use essa ferramenta simples para mantê-lo e ao seu pessoal na rota correta, e cumprir prazos finais.

SMART é um acrônimo usado para descrever a definição de metas para indivíduos, equipes ou organizações. Embora seja difícil atribuir o desenvolvimento da ferramenta a qualquer indivíduo, várias fontes referem-se a um artigo de autoria de George e Doran publicado na edição de novembro, de 1981, da *Management Review* como a primeira utilização conhecida do termo.

Embora não haja nenhum consenso claro sobre o que cada uma das cinco letras representa, as seguintes são as interpretações mais populares.

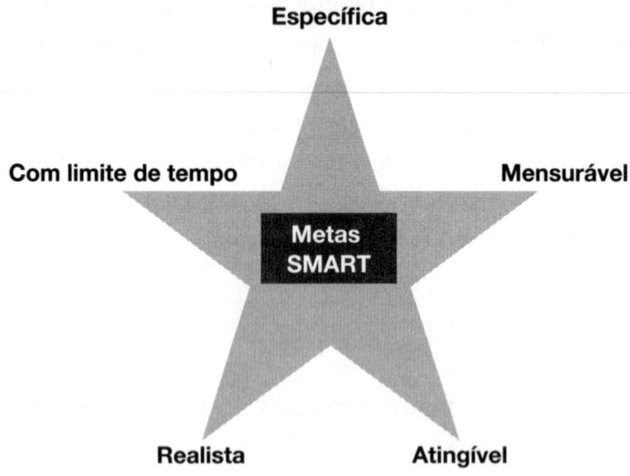

Específica (Specific): a meta é clara e sem ambiguidade
Mensurável (Measurable): há um critério que pode ser usado para acompanhar o progresso.
Atingível (Achievable): a meta é factível
Realista (Realistic): a meta é relevante para a organização e pode ser alcançada com seus recursos atuais.
Com limite de tempo (Timely): há um prazo definido para a conclusão do trabalho.

O acrônimo SMART foi ampliado estendido nos últimos anos para incluir Estimulante (a meta deve ser desafiadora) e Recompensadora (todos serão reconhecidos por suas contribuições), o que o transforma em metas SMARTER.

COMO USAR

- Antes de mais nada, certifique-se de que cada envolvido tenha metas claras, bem definidas. Metas confusas permitem ambiguidade e mal-entendidos. Peça às pessoas que informem quais são suas metas e corrija quaisquer interpretações equivocadas.
- Assim que você tiver absoluta certeza de que todos sabem claramente o que é exigido, desenvolva um sistema de monitoração que acompanhará o progresso e identificará quando os marcos são atingidos.
- Embora desafio e esforço sejam interessantes tanto para você quanto para a equipe, certifique-se de que os resultados sejam atingíveis. Nada desmotiva mais do que o fracasso constante.
- Certifique-se que os alvos que você estabeleceu para si mesmo e para a sua equipe estão alinhados com as metas da organização. Se você não fizer isso é pouco provável que conquiste o apoio do pessoal de alto escalão.
- Crie um sentido de urgência adequado, definindo um prazo final de conclusão para cada tarefa/alvo que identificam um marco.
- Reconheça que a abordagem SMART de determinação de alvos é uma das ferramentas mais simples e mais versáteis que você tem em sua caixa de ferramentas; é mais ou menos como um daqueles canivetes multifuncionais que os homens compram como um badulaque de luxo, e depois verificam que ele é essencial. Você pode usá-la para uma grande quantidade de atividades, incluindo planejamento estratégico, gerenciamento de projeto e fixação de metas para a equipe e verificação de desempenho. Sua grande força é que ela o obriga a focalizar resultados em vez de atividades/processos.

PERGUNTAS A FAZER

- Com qual frequência medirei o progresso em relação à meta?
- O que farei se um prazo final não for cumprido?

TEORIA 89 A FALÁCIA DE McNAMARA

Use para lembrar do papel crucial que informações não quantificáveis desempenham no gerenciamento de uma organização.

Robert McNamara foi Secretário da Defesa dos Estados Unidos de 1961 a 1968. Ele desenvolveu sua teoria da falácia como um modo de explicar porque os Estados Unidos foram derrotados na Guerra do Vietnã. Sua teoria contém apenas quatro afirmações.

GESTORES:
Medem o que é fácil de medir.
Desprezam ou quantificam mal o que não é fácil de medir.
Consideram que aquilo que não pode ser medido não é importante.
Consideram que aquilo que não pode ser medido não existe.

McNamara acreditava que os generais e políticos norte-americanos viram o número crescente de vietcongues mortos e, com base nisso, acreditaram que estavam ganhando a guerra. Eles ignoraram fatores como o ressentimento nacional contra um exército de ocupação, o desejo de independência e a alta moral do inimigo; como tais fatores não eram quantificáveis, não foram considerados importantes.

COMO USAR

- Aceite que, desde o advento do gerenciamento científico (*veja a Teoria 3*), as organizações tendem a basear suas decisões em informações quantificáveis acreditando, erroneamente, que tais decisões são mais científicas e, portanto, mais exatas dos que as que incluem dados não quantificáveis.
- Quando usar dados estatísticos, sempre pergunte como os dados foram coletados e quais pressupostos foram adotados para a análise desses dados.
- Quando relevante, inclua dados não quantificáveis como boa vontade do pessoal e do cliente, reputação, moral e lealdade do pessoal, conhecimento técnico e experiência do pessoal, a sinergia gerada pela mistura ímpar de pessoas que trabalham para você (se houver), valor de contatos/relacionamentos pessoais internos e externos etc.

PERGUNTAS A FAZER

- Quais são os “recursos” que minha organização ou equipe possui que são difíceis ou impossíveis de quantificar?
- Eu os levo em conta quando tomo decisões?

UMA PALAVRA FINAL SOBRE O MELHOR DO QUE RESTOU

POR QUE PARETO FOI COROADO REI

Gestores são pessoas ocupadas. Você é uma pessoa ocupada. Qualquer teoria que economize tempo e o ajude a identificar e acessar informações importantes rapidamente será mais valiosa que rubis.

E essa também é uma teoria que pode ser usada em uma ampla gama de situações. Por exemplo: a Lista dos Mais Ricos dos Estados Unidos, publicada pela Forbes em 2012, revela que as 400 pessoas mais ricas do país possuem uma riqueza equivalente a 12,5% do Produto Interno Bruto dos Estados Unidos. Isso significa que cerca de 0,000001% da população americana possui 12,5% da riqueza gerada no país em um ano. Com base nesse número, é quase certo que 80% de toda a riqueza dos Estados Unidos está nas mãos de 20% da população.

Uma coisa que, como gerente, sempre lhe faltará é tempo, portanto não permita que as crises de outras pessoas tornem-se um problema seu. Você tem as suas prioridades e deve tratar delas antes de dar uma mão a um colega em necessidade. É claro que se é o seu chefe que tem problemas, as prioridades dele são as suas prioridades. Mas certifique-se de que ele se lembre de que você o ajudou.

Respeito, confiança e honestidade devem estar na base do seu relacionamento com o pessoal. Use feedback de e para o pessoal como uma oportunidade de aumentar o nível de abertura e confiança no seu relacionamento com os que trabalham com você. Todavia, caso surjam conflitos, não permita que eles contaminem, cresçam e explodam no pior momento possível. Lide com eles à medida que surgirem. O modo como você se comunica pode gerar confiança e respeito ou piorar ainda mais a situação. O uso correto da linguagem, dos gestos e tom de voz é importante nessas situações. Eles transmitem ao seu ouvinte todo o significado daquilo que você diz e passam ao seu público uma percepção sobre aquilo que você realmente sente.

Use metas SMART para si mesmo e para a sua equipe, de modo a aumentar suas chances de sucesso na conclusão de qualquer tarefa e no cumprimento de prazos finais. Eu sempre admirei a antiga política de cumprimento de metas da IBM. Noventa e cinco por cento das metas de cada pessoa eram razoavelmente fáceis de cumprir. Isso levava o pessoal ao sucesso e lhes dava a confiança para perseguir os 5% restantes das metas que eram muito mais difíceis de cumprir. A psicologia que fundamenta essa abordagem me parecia realmente perceptiva.

Todavia, não caia na armadilha de acreditar que somente metas financeiras são importantes. Como Mark Twain alega que Benjamin Disraeli disse, "Há mentiras,

mentiras deslavadas, e estatísticas". E frequentemente a informação mais importante em uma empresa não pode ser reduzida a números em uma planilha.

Finalmente, embora seja verdade que aprendemos mais com nossos fracassos do que com nossos sucessos, ninguém quer um título de PhD do fracasso — não importa o quanto aprendamos ao longo do caminho. Robert Townsend, que escreveu o livro campeão internacional de vendas *Up the organization*, avaliou que um bom gestor toma 33% decisões certas, 33% erradas e no caso das 34% restantes não importava o que ele decidisse, já que ainda assim os eventos seriam praticamente os mesmos. Bom, ele era o imensamente bem-sucedido Presidente do Conselho e CEO da Avis Rent-A-Car, mas vamos lá, admita, você acha que pode conseguir uma taxa de sucesso mais alta do que uma em três, não é? Ok — tente! Se você não tentar, nunca saberá quão bom você poderia ter sido.

A TEORIA QUE REINARÁ SOBRE TODAS, E POR QUE A ESCOLHEMOS

E AGORA, SENHORAS E SENHORES, A VENCEDORA — A PRIMEIRA E ÚNICA — VERDADEIRA IMPERATRIZ DE TODAS AS TEORIAS DE GESTÃO É: O PRINCÍPIO DE PARETO

Infelizmente, Vilfredo Pareto não pode estar conosco para receber seu prêmio. Dada sua ausência, achamos que precisamos explicar a nossa escolha.

A única mercadoria de que os gestores têm mais falta do que qualquer outra é tempo. Qualquer teoria que poupe tempo e o ajude a dirigir seus esforços onde eles causarão o maior impacto tem de ser uma vencedora.

O Princípio de Pareto separa os pouco importantes dos muitos não importantes. Ele ilumina, com brilhante luz, os poucos processos e pessoas que causam os maiores problemas para você. Identifique os 20% que causam problemas e veja a sua "lista de tarefas" encolher.

Pareto também identifica onde dedicar suas energias em termos de desenvolvimento de fatores positivos. Use-o para identificar os 20% de produtos que geram 80% de suas vendas. Essa informação pode guiar suas decisões referentes à alocação de recursos escassos. Ele pode identificar os 20% de seus clientes que geram 80% de sua receita. São essas pessoas que você nunca deve perturbar. Pareto também o ajuda a identificar os 20% do seu pessoal que são as reais estrelas da sua equipe e que devem ser reconhecidas e recompensadas.

O Princípio de Pareto é extremamente elegante em sua simplicidade e demonstrou, com o passar dos anos, que pode ser aplicado praticamente a qualquer situação. Um verdadeiro princípio abrangente. É claro que a razão pode não ser exatamente 80/20, mas estará por perto. Experimente-o em várias questões e verá quão disseminado ele parece ser.

UMA PALAVRA MUITO FINAL

Você é um dos 20% que leram este livro do começo ao fim? Ou você é um dos 80% que leram 20% do livro? Seja como for, esperamos que você tenha encontrado algo nele que possa usar. Mas o que esse livro lhe diz realmente sobre gestão?

Ao redigi-lo, identificamos sete temas fundamentais que insistiam em aparecer. Esses temas abarcam tudo aquilo que achamos que o gerenciamento abrange. São eles:

1. Cada gestor deve ser fiel à sua natureza essencial. Infelizmente, não é fácil descobrir a nossa natureza essencial. Jogamos jogos conosco mesmos o tempo todo e atribuímos motivos nobres a ações desprezíveis para podermos dormir sossegados à noite. Os melhores gestores sabem exatamente quem são e o que defendem e representam. Descobrir quem você é requer um pouco de introspecção.
2. Os gestores precisam conhecer seu pessoal: o que os faz funcionar; quais são suas forças e fraquezas; o que os motiva; quais são seus interesses. Se um gestor não conhecer ou não entender seu pessoal estará andando às cegas!
3. Os gestores e seu pessoal devem confiar e respeitar uns aos outros. Confiança e respeito não são coisas que você exige das pessoas. Ambos têm de ser merecidos. Na qualidade de gerente, o modo mais rápido de obter a confiança e o respeito do seu pessoal é demonstrar que você não sacrificará nenhum deles só para escapar de uma situação constrangedora ou alcançar seus próprios objetivos pessoais.
4. Os gestores e seu pessoal precisam de uma meta a alcançar. Há quem chame isso de visão. Eu acho que é um propósito. Um propósito dá as pessoas uma razão, que não seja apenas ganhar a vida, para levantar de manhã e ir para o trabalho. É o que os mantêm trabalhando mesmo quando todos já foram para casa — mesmo que não recebam horas extras.
5. As pessoas precisam acreditar que seu trabalho tem significado e que será reconhecido. Muito frequentemente o único retorno que elas recebem é uma descompostura, quando falham. Dê retorno positivo sempre que elas mereçam e o pessoal crescerá e se desenvolverá a olhos vistos.
6. Atingir um objetivo pessoal é ótimo, especialmente quando é algo no qual você está trabalhando há anos. Mas o lado ruim é que nunca ninguém apreciará verdadeiramente o que você alcançou porque não tomaram parte nisso. É por isso que ser bem-sucedido como equipe é tão mais gratificante. Você pode compartilhar seu sucesso com um grupo de pessoas que

verdadeiramente entendem e dão valor àquilo que você fez, porque estavam nas trincheiras com você.

7. Trabalho é importante mas ninguém jamais disse em seu leito de morte "Eu gostaria de ter passado mais tempo no escritório". Portanto, mantenha o trabalho em perspectiva. É importante, mas a vida é para ser apreciada. Se você não gostar do seu trabalho, saia e procure um emprego que tenha significado e alegria — mesmo que o salário seja menor. Juro que a sua vida será mais doce, e você será um gestor melhor.

REFERÊNCIAS

AO LONGO DOS ANOS, ACHAMOS QUE OS SEGUINTES LIVROS SÃO ÚTEIS E TAMBÉM UMA LEITURA INTERESSANTE.

ADAIR, J. *John Adair's greatest ideias for being a brilliant manager*. Minneapolis: Capstone, 2011.

ALDERFER, C. P. An empirical test of a new theory of human need. *Psychological Review*, 1969.

BCG. *The BCG portfolio matrix from the product portfolio matrix*. The Boston Consulting Group, 1970.

BERNE, E. *Games people play*. London: Penguin, 2010.

CLAYTON, M. *Management models pocket book*. Management Pocket Alresford: Book, 2009.

COLE, G. A. *Management theory and practice*. 6. ed. London: Thomson, 2003.

CROSBY, P. *Quality is free*: the art of making quality certain. New York: McGraw-Hill, 1978.

DEAL, T. E.; KENNEDY, A. A. *Corporate cultures*: rites and rituals of corporate life. New York: Penguin, 1988.

DEMING, E. *Out of crisis*. Cambridge Mass: MIT, 2000.

DRUCKER, P. F. *The essential Drucker.* Oxford: Butterworth-Heinemann, 2007.

EUROPEAN FOUNDATION FOR QUALITY MANAGEMENT. Brussels: EFQM, 2012. Disponível em: <http://www.efqm.org>. Acesso em: 4 jun. 2014.

GRAVES, D. *Corporate culture*: diagnosis and change – auditing and changing the culture of organizations. New York: Palgrave Macmillan, 1986.

GREEN, R. *The 48 laws of power*. London: Penguin, 2000.

HAYEK, F. A. *The road to serfdom*. Chicago: The University of Chicago Press, 2007.

HANDY, C. *Understanding organisations*. London: Penguin, 1993.

ISHIKAWA, K. *Guide to quality control*. 2. ed. Tokyo: Asian Productivity Organization, 1986.

JOHNSON, G.; WHITTINGTON, R.; SCHOLES, K. *Exploring strategy: text and cases*. 9. ed. London: Pearson Education, 2011.

McGREGOR, D. *The human side of enterprise*. New York: McGraw-Hill, 2006.

MOSS KANTER, R. *The change masters*. London: Unwin Hyman, 1989.

NORTHOUSE, P. G. *Leadership*: theory and practice. 4. ed. Grid International, Inc., 2006.

PUGH, D. S. *Organisation theory*. 5. ed. London: Penguin, 2008.

THOMAS, K. Conflict and conflict management. In: DUNNETTE M. D. (Ed.). *Handbook of industrial and organizational psychology*. Chicago: Rand McNally, 1976.

TOWNSEND, R. *Up the organisation*. London: Coronet Books, 1970.

VAN ASSEN, M.; VAN DEN BERG, G.; PIETERSMA, P. *Key management models*. 2. ed. London: Pearson/FT Prentice Hall, 2009.

AGRADECIMENTOS

Gostaríamos de agradecer a todo o pessoal da editora por seu incentivo, entusiasmo e bom humor durante a redação deste livro, em especial a Rachael Stock, Elie Williams e Eloise Cook. Gostaríamos de agradecer também a Chris Bates por seu trabalho com as figuras e a Helen McGrath por seus comentários sobre o manuscrito.

AGRADECIMENTOS DOS EDITORES

Somos gratos aos seguintes pela permissão de reproduzir material protegido por direito autoral:

Papéis desempenhados em equipes e suas descrições na figura usada na Teoria 32, cortesia de Belbin Associates; a figura na Teoria 35 é o 12.3 TPModel © 1990–2011 Alan Drexler e David Sibbet; a figura na Teoria 41, adaptada de Deal, T. E. e Kennedy, A. A., *Corporate cultures: rites and rituals of corporate life* (Penguin, 1988), cortesia de Peters, Fraser & Dunlop; a figura na Teoria 5 adaptada de Johnson, G., Whittington, R. e Scholes, K., *Exploring strategy: text and cases* (9a. edição) (Pearson Education, 2011); a figura na Teoria 60, adaptada de The BCG Portfolio Matrix from the Product Portfolio Matrix © 1970, o Boston Consulting Group; a figura na Teoria 70, adaptada de Crosby, P. B., *Quality is free: the art of making quality certain* (McGraw-Hill, 1978); a figura na Teoria 72, adaptada de Ishikawa, K., *Guide to quality control* (Asian Productivity Organisation, 1986); a figura na Teoria 75, adaptada de European Foundation for Quality Management, copyright © EFQM 2012 Excellence Model, Bruxelas, Bélgica, <http//:www.efqm.org>; a figura na Teoria 83, adaptada de "Conflict and Conflict Management" por Kenneth Thomas em *Handbook of industrial and organizational psychology*, editado por Marvin D. Dunnette, p. 900, 1976, adaptada com permissão; a figura na Teoria 86, adaptada de Clayton, M., *Management models pocket book* (Management Pocketbooks, 2009).

Em algumas instâncias, não conseguimos descobrir o detentor dos direitos autorais sobre o material e gostaríamos de receber qualquer informação que nos permita fazê-lo.